INFO Verlag · Gert Boegner · Der alte Rhein · Im Stromverlauf von Baden und Pfalz

Gert Boegner

DER ALTE RHEIN

IM STROMVERLAUF VON BADEN UND PFALZ

INFO VERLAGSGESELLSCHAFT KARLSRUHE

Edition Stadt und Landschaft
Band 19

Herausgegeben von
Thomas Lindemann

Konzeption, Text und Fotos
Gert Boegner

Redaktion
Constanze Jung
Bernd Villhauer

Mitarbeit
Jochen Brambach
Petra Curić
Michael Neurohr

Ergänzende Fotos
Karl Hoffmann, Speyer,
Seite 86, 89 und Autorenfoto (Umschlag)

Textbeiträge
Emil Balles
Magnus Gruber
Fritz Klotz
Dr. Hans Ludwig Schmidt
Robert Spies
Prof. Dr. Günter Stein

Quellenangaben, Textbeiträge, Abdruckgenehmigungen
und Hinweise am Ende des Bandes

Titelmotiv
Altrhein bei Maximiliansau

Die beiden ersten Auflagen des Bandes erschienen im
Verlag der Zechnerschen Buchdruckerei, Speyer.
Die vorliegende Ausgabe wurde komplett
überarbeitet, erweitert und aktualisiert.

INFO Verlagsgesellschaft Karlsruhe
Postfach 33 67 · D-76019 Karlsruhe
Telefon (0721) 61 78 88 · Fax (0721) 62 12 38
ISDN Leonardo (0721) 961 38 50
e-mail: info-verlag-karlsruhe@t-online.de

Satz: INFO*graphic* Karlsruhe
Gedruckt auf chlorfrei gebleichtem Papier
Printed in Germany

ISBN 3-88190-225-2

Inhalt

Rappenwörter Altrhein.
Inmitten eines Ballungsraumes die einsame Welt der Altwasser, der Rheinauen: Unser Lebensraum.

Vorwort

Das Paradies unserer Jugend war der "Altrhein" und seine fast dschungelartigen Wälder. Wasserverunreinigung kannten wir nicht, Naherholungsgebiete waren noch nicht erfunden, und Wege in diese Einsamkeit gab es kaum. Wer dorthin wollte, mußte schon einige Mühe auf sich nehmen. Zu Fuß waren entferntere Ziele beschwerlich erreichbar. Erleichterung bot das Fahrrad, soweit nicht Dickicht oder umgestürzte Bäume ein Weiterkommen versperrten. Am besten gelangten wir an die meist dicht bewachsenen Ufer mit dem Paddelboot. Begleitet wurden wir dabei immer wieder vom Gefühl des Abenteuers. Die Faszination der Erkundung und Entdeckung uns noch unbekannter Winkel hatte dabei ihren besonderen Reiz. Beides beflügelte unsere grenzenlose jugendliche Fantasie, irgendwo in der Wildnis zu sein.
Ich wollte die Gefilde unserer Jugend aufzuspüren versuchen, die Eigenart der Stromlandschaft neu erleben – und dieses Mal mit der Kamera festhalten. Keine fünfzig Jahre waren vergangen seit damals, als ich mich 1981 zur Wiederentdeckung auf den Weg machte.
Unser ehemaliges Paradies war inzwischen arg malträtiert worden. Es war kleiner geworden, Eingriffe unübersehbar. Das ist keine Klage; ich stelle nur fest – denn die Zeit war nicht stehengeblieben. Stellenweise waren riesige Naherholungszentren entstanden. Sie sind Realität – und somit auch Teil der Altrheinlandschaft. Einsamkeit sucht man dort weitgehend vergeblich. Trotz allem aber hat an manchen Stellen das Stromland seine Urtümlichkeit bewahrt!
An vielen Tagen bin ich durch die Rheinwälder gezogen, fotografierte zu jeder Jahreszeit, bei jedem Wetter. Einzelheiten der Altrhein-Entstehung interessierten mich zunehmend. Ich wollte wissen, was sich früher auf und am Strom abgespielt hat, wie die Menschen in der Rheinniederung lebten. Kurz gesagt, ich wollte die "Stromgeschichte" kennenlernen. Was ich erfahren und nachgelesen habe, hat mich gefesselt und tief beeindruckt. Zu den Fotografien kamen Notizen. Schließlich entstand die Idee, aus beidem einen informativen Bildband zu machen.
Fotos von heute können die Vergangenheit nicht reproduzieren. Bewußt knapp gehaltene Aufzeichnungen wollen informieren, keine tiefgehenden Kenntnisse vermitteln. Lose verbunden reihen sich Fotos und Texte aneinander, nichts Systematisches: Ein Skizzenbuch vom alten Strom und seiner Landschaft.
Diese nunmehr dritte Auflage wurde von Grund auf überarbeitet, teilweise Fotos ausgetauscht oder ergänzt. Aufnahmen von Hütten und Behausungen, die in den ersten beiden Auflagen enthalten waren, und die es inzwischen schon nicht mehr gibt, wurden gerade deshalb in diese Neuauflage übernommen. Nicht nur Aufnahmen des "Altrheins" kamen hinzu, sondern auch der Auen. Beides prägt dieses Land am Strom: Das Stromland ist ein Ganzes.
Mein aufrichtiger Dank gilt allen, die mir bei der Erstellung des Buches und seiner Neubearbeitung freundschaftlich und selbstlos geholfen haben.

Gert Boegner

Wie aus dem alten Rhein der Altrhein wurde

Jahrtausende hindurch hat sich der alte Rhein in der Rheinniederung seinen Weg gesucht – nach jedem Hochwasser einen neuen. Die Hochufer waren die einzigen Grenzen, die dem ständigen Überschwemmungsgebiet gezogen waren. Kurvenreich folgen die Hochgestade der fünf bis acht Kilometer breiten Niederung.

Zwischen den Hochgestaden liegt ein Lebensraum eigener Art. Jedes Hochwasser lagerte dort eine kalkhaltige Schlickschicht ab: eine ideale Nährstoffversorgung des Bodens. Zusammen mit dem tropenhaft feuchten Klima im windgeschützten Rheingraben ergab dies eine geradezu ideale Voraussetzung für ungewöhnlich fruchtbares Ackerland. In diese fruchtbare Rheinniederung, zum Fischreichtum des Rheins und seiner Nebenarme, zog es die ständig um ihre Nahrungssicherung ringenden Menschen. Von den schützenden Hochufern wuchsen immer mehr menschliche Siedlungen in die Niederung hinein. Doch ständig bedrohte der ungebändigte Strom die Bewohner, ihr Hab und Gut. Der Versuch, mit der Errichtung von Dämmen und Bauten das Überschwemmungsgebiet einzuengen, war vergeblich, weil es immer nur örtlich begrenzte Einzelmaßnahmen waren. Es fehlte eine Gesamtlösung, die den Rhein begradigte und in ein festes Flußbett zwang.

1812 legte der Wasserbauingenieur und badische Obristleutnant Johann Gottfried Tulla seinen Plan zur "Rectification" des Rheinlaufes vor. Unterstützt wurde er von Anfang an von seiner großherzoglich badischen Regierung. Linksrheinische Verhandlungspartner waren zunächst die Franzosen, dann, nach dem zweiten Pariser Frieden, ab 1816 die Bayerische Regierung mit Sitz in Speyer.

Die zwischen beiden Regierungen zustande gekommene Vereinbarung kann als diplomatische Meisterleistung gelten. Die Vertragspartner verpflichteten sich gegenseitig, ohne Aufrechnung und Angleichung von Kosten, die Arbeiten nach dem gemeinsam beschlossenen Plan durchzuführen – und zwar jeder auf dem Territorium des anderen. Die Badener übernahmen somit die Ausführung der Durchstiche auf bayerischem Gebiet und die Bayern die in Baden.

Die Rheinuferbewohner, die durch diese gewaltige Flußbaumaßnahme geschützt werden sollten, waren an manchen Orten keineswegs von der Zweckdienlichkeit überzeugt, vor allem, wenn sie materielle Nachteile auf sich zukommen sahen. Tätliche Angriffe auf Bautrupps waren nicht selten. Als 1817 die Arbeiten zwischen Neuburg und Neupfotz begannen, mußte erst der Widerstand der Knielinger, die um ihre Fischgründe fürchteten, mit "militärischer Exekution" gebrochen werden. Bedenken wurden aber auch von Ingenieuren erhoben. Mit erstaunlicher Geduld trat Tulla in klar formulierten Denkschriften diesen Einwendungen entgegen. Unbeirrbar ging er seinen Weg, verfolgte sein Ziel.

Mit dem "Flußbauedikt" von 1816 erreichte Tulla, daß die Arbeiten nicht mehr im Frondienst geleistet

Speyer, "Lußheimer Fahrt".
Hier möchte man sitzen, stundenlang. Nur hören und empfinden. Und dazu von dort drüben die Motorengeräusche vorbeiziehender Schiffe hinterm bewaldeten Ufer vernehmen – Gedanken mit ihnen ziehen lassen.

wurden, sondern mit Arbeitskräften gegen Entlohnung. Anstelle des Frondienstes trat das "Flußbaugeld": Alle Gemeinden am Rhein hatten dieses Geld als Vorausbeitrag zum Steueraufkommen zu entrichten. Der durch die Beiträge der Gemeinden nicht gedeckte Aufwand ging zu Lasten der Staatskasse.
Die Gemeinden hatten Hand- und Spanndienste zu leisten. Der Bedarf an Arbeitskräften war groß: Beim Eggensteiner-Neupfotzer Durchstich dreitausend Mann, auf dreißig Meter Leitgraben durchschnittlich zehn Mann. Diese Leitgräben, auf der Grundlage der geplanten Durchstiche, wurden zwanzig Meter breit bis zum Niederwasserstand ausgehoben, der Bodenaushub seitlich angeschüttet. Zuflüsse in abzuschneidende Flußschleifen engte man durch "Zugemäche" ein, so daß sich der Wasserdruck auf die geplante Durchbruchstelle verstärkte. Nach drei bis vier Jahren, bei stärkeren Lettenschichten auch mehr, floß dann der Strom endgültig im vorgeplanten festen Flußbett. Wenn durch die Ausschwemmung die geplante Strombreite von 240 Meter (ab Neckareinmündung 300 Meter) erreicht war, wurde die Uferbefestigung vorgenommen.
Nicht nur technische Probleme waren zu bewältigen, Widerstände mancher Rheinuferbewohner zu überwinden, sondern auch Proteste von Regierungen galt es auszuräumen. Die stromabwärts gelegenen Anliegerstaaten Hessen, Preußen und die Niederlande befürchteten durch die Begradigung eine verstärkte Hochwasser- und Eisgefahr.
Aber auch Städte und Gemeinden wehrten sich, wenn sie sich durch die geplante Stromführung benachteiligt fühlten. Der Rat der Stadt Speyer sah sich veranlaßt, 1826 an die Königliche Regierung in München ein Schreiben zu schicken, worin er dagegen protestierte, "daß der Strom von der Stadt abgeleitet werden sollte" (durch eine gerade Verbindung von Lußheim nach Ketsch) und dagegen, "daß man darauf ausgehen wollte, der Stadt Speyer, in den ältesten Zeiten durch ihre Privilegien auf dem Rheinstrom berühmt, auf einmal von diesem Strom zu entfernen".
Der Protest hatte Erfolg. Noch heute fließt der Strom in der alten, großen Schleife an Speyer vorbei. Vom Hochgestade grüßt majestätisch der Dom, "das größte Bauwerk romanischer Epoche" (Dehio).
Der letzte Durchstich erfolgte 1865-1874 bei Altrip. 1879 wurde mit der "Talwegs-Aufnahme" am Angelhof, stromabwärts von Speyer, die Rheinbegradigung abgeschlossen. Von der Lautermündung bei Neuburg bis zur Einmündung des Frankenthaler Kanals war der Rheinlauf von 135 Kilometer auf 86 Kilometer verkürzt worden. Für die Schiffahrt war das ein bedeutsamer Fortschritt. Aber erst mit der Niedrigwasserregelung durch Max Honsell Anfang des 20. Jahrhunderts, stand der Großschiffahrt auch bei Niedrigwasser von Straßburg bis Mannheim ein sicheres Fahrwasser zur Verfügung.
In Tullas Überlegungen spielten die Vorteile für die Schiffahrt eine untergeordnete Rolle. Ihm ging es um den Schutz der Menschen und ihrer Felder in der Rheinniederung. Dies ist Tulla mit seinem Werk gelungen: Ernten wurden nicht mehr so häufig durch Hochwasser vernichtet, Gehöfte standen nicht mehr wochenlang unter Wasser, Seuchen wie Malaria, Typhus und Ruhr gingen zurück.
Zwischen Strom und schützenden Hauptdämmen verblieb als natürliches Überschwemmungsgebiet eine Landschaft von eigenwilligem Reiz: Die Auwaldlandschaft Altrhein.

Speyer, zwischen "Lußheimer Fahrt" und "Salmengrund".
Nach jedem Hochwasser bleibt ein Schlachtfeld von Treibholz, entwurzelten Bäumen, abgebrochenen Ästen. Und immer wieder blüht neues Leben aus sumpfigem Boden und morschem Holz.

Mechtersheim, Richtung Floßgrün, "Eisbruch".
Mai: Gelbe Sumpfkresse und Spreizender Hahnenfuß in weiß-rosa Farben verwandeln die Wasserfläche in einen Blütenteppich.

Leimersheimer Altrhein.
Dichte Auwälder gehörten einst zum Landschaftsbild entlang der Flüsse und Ströme in Mitteleuropa. Sie sind weitgehend verschwunden. Immer mehr haben sich Acker- und Grünland in die Auwälder vorgeschoben. Doch Reste der Auwälder blieben erhalten – auch entlang des Rheins: Kostbarkeiten der Natur.

Lingenfelder Altrhein.
Mühsam nur kann man sich den Weg durch dieses Gewirr von Weiden auf sumpfigem Boden bahnen. Baumknorzen, in die die Zeit ihre Narben gekerbt hat. Eine bizarre Welt, die keineswegs nur furchterregend ist, sondern auch beherrscht von einem Spiel aus Licht und Schatten.

Speyer, "Salmengrund".
Auwälder sind regelmäßig überschwemmt: das sind ihre "Atemzüge", so erhalten sie neuen Sauerstoff. Kleine Tümpel bleiben inmitten dichtem Gehölz. Das Quaken der Frösche, das sich ins vielfältige Konzert des Auwaldes mischt, markiert den Weg, um die verborgenen Tümpel und Weiher zu finden.

Auenlandschaft bei Dettenheim.
Allein! Märchenhafte Ruhe. Aus dem Gras steigen
die Nebel der Nacht. Vogelstimmen. Der Tag erwacht.

Zwischen Dettenheim und Hochstätter Altrhein.
Eine der reizvollsten und ursprünglichsten Auen am beschriebenen Stromabschnitt. Blühender Obstbaum in einer der wenigen Streuobstwiesen, die im Stromland verblieben sind: Pforte zum Auwald.

Insel Floßgrün.
Farbenprächtige Wasserspiegelung an einem Spätnachmittag im Frühjahr.

"Kleiner Bodensee",
auf den Gemarkungen Neureut und Eggenstein-Leopoldshafen. Der Kleine Bodensee entstand vor etwa 200 Jahren. Das Wasser des unverbauten Stromes suchte sich immer wieder neue Wege durch die Niederung. Durch Ablagerung von Sand und Kies entstanden die Mäanderbögen, die häufig wieder austrockneten, wenn das Wasser einen neuen, kürzeren Weg durch die Aue nahm. 1780 wurde die ehemalige Flußschlinge vom Rhein abgetrennt, ein natürliches Altwasser also, auf das die Rheinkorrektion Anfang des 19. Jahrhunderts kaum Einfluß hatte. Durch Abwässer der Stadt Karlsruhe zur "botanischen Ruine" verkommen – so bezeichnet in einem Gutachten von 1937 – hat sich durch neue Techniken die Wasserqualität des Kleinen Bodensees verbessert, die dennoch weitere wasserbauliche Maßnahmen erforderlich macht. Herrliche Baumbestände, die in den tiefliegenden, häufig überfluteten Uferzonen erfreulicherweise oft "sich selbst überlassen werden" – wie es sich für einen naturgeschützten "Ur"wald gehört.

Hochstetten, bei Insel Rott.
"Welch ein Zauber liegt jetzt über dem Strom und seinen Ufern, über den Altwässern und dem Dickicht der Auwälder! Voll farbiger Verklärung stirbt der Tag im Westen."
Roland Betsch

Nähe Otterstadt.
Ein alter Rheinarm, der “Koller” und “Böllenwörth” nicht mehr trennt, sondern verbindet. In den Abendstunden ein Platz, um die Hektik des Tages ausklingen zu lassen.

Durch Hochwasser untergegangene oder stromseitig verlagerte Orte

"Hier war bis zum Jahr 1813 der Mittelpunkt des Dorfes Dettenheim. Durch die Fluten des Rheinstromes gezwungen, verließen die Bewohner in jenem Jahr die Heimat und gründeten in Altenbürg eine Neusiedlung. Der Ort erhielt den Namen Karlsdorf." Außer diesem Gedenkstein, einem Haus und einer Scheune erinnert nichts mehr an dieses ehemalige Dorf.

Schon vorher waren andere Ortschaften Opfer des Stromes geworden. Vereinzelt wurden sie auf den sicheren Hochufern neu erbaut. An diese menschlich schlimmen Schicksale erinnert eine andere Inschrift:

"Der Ort Knaudenheim, der an des Rheines Rande stand und stets mit Wassergefahr umgeben war, wurde im Jahr 1758 von dem Landesherren Fr. Chr. von Holten, Cardinal Fürstbischof zu Speyer, hierher verlegt. Der wohltätige Fürst schenkte der bedrängten Gemeinde den Platz zur Errichtung des jetzigen Wohnortes und nannte ihn Huttenheim".

Schon 1628 ereilte die Bewohner von Wörth die Katastrophe des völligen Untergangs. Der Protokollführer einer Rheinbefahrung von 1668 notierte: "Die in der Beschreibung de Anno 1607 ... wegen des Dorfs Wörth von dem damaligen Rißwerker*, so der Rheinbesichtigung beigewohnt, ist seithero mehr als zuviel erfolgt, indem der Rhein seinen Lauf dergestalt genommen hat, daß das Dorf vor ungefähr 40 Jahren ganz und gar in Rhein gebrochen." Mitten in einem der schrecklichsten Kriege der Weltgeschichte, dem Dreißigjährigen Krieg, verloren diese Menschen über Nacht auch noch ihre Heimat, wurden ihres Obdachs und ihrer wenigen verbliebenen Habe beraubt. Ein Elend, das sich nur schwerlich erahnen läßt.

Der begonnene Wiederaufbau auf dem verbliebenen Gelände wurde wegen des erneut drohenden Untergangs schon bald aufgegeben. Das Protokoll von 1668 beschreibt das weitere Schicksal der Wörther: "... unterschiedlichenmalen ihre Wohnungen abbrechen und anderswo bauen müssen ... (um sich) in das wüste Dorf Forlach zu begeben", dessen Einwohner alle im Dreißigjährigen Krieg umgekommen waren. Auf ihre neue Heimat übertrugen die umgesiedelten Bewohner ihren alten Ortsnamen: Wörth.**

Nach starkem Hochwasser war es aber auch möglich, daß sich ganze Dörfer plötzlich auf der anderen Rheinseite befanden. Edigheim und Oppau lagen im 11./12. Jahrhundert noch rechtsrheinisch. Nach einem Hochwasser waren linksrheinische Dörfer aus ihnen geworden. Das ehemals rechtsrheinische, protestantische Schifferdorf Neuburg fand sich nach einem Hochwasser 1592 in linksrheinisches, katholisches Gebiet verlagert. Abkapselung war die Folge, mit dem Erhalt einer badisch-alemannischen Dialektinsel.

"Wann der Rhein ausgeht", halfen höher gelegene Gemeinden mit Weiderechten fürs bedrohte Vieh aus. So durfte Otterstadt zum symbolischen Pachtzins von jährlich einem Gulden Vieh auf Schifferstadter Gelände weiden. Otterstadt revanchierte sich mit einem Karpfen, den das jüngste Brautpaar dem Bürgermeister von Schifferstadt überbrachte. Der alte Brauch lebt heute im Otterstadter Karpfenfest fort.

* "Rißwerker": Rißwerk = Bauplan.
Ein Rißwerker war ein Bauplanzeichner, hier im Sinne "Aufzeichner/Kartographen" zu verstehen.

** Ortschronik Wörth

(Alt-)Dettenheim, das einst “den Fluten des Rheinstromes” zum Opfer fiel – und “auferstand”, als die beiden Gemeinden Liedolsheim und Rußheim sich 1975 zusammenschlossen und 1978 zur Erinnerung an den durch Hochwasser untergegangenen Ort den Namen “Dettenheim” übernahmen. – Aus dem Dunst, der über den taugesättigten Wiesen liegt, ragen die Dächer der beiden Gebäude, die als einzige das damalige Hochwasser überstanden.

Frühe Kartographie, darunter eine ungewöhnlich präzise Stromkarte

Sebastian Münster (1489-1552) lehrte in Basel Hebräisch und Mathematik. Er galt als Lehrer von hohem Rang. Berühmter noch wurde er als Holzschneider mit seiner "Cosmographia universalis" mit 451 Holzschnitten und 26 Karten. Vom Rhein erarbeitete er (etwa 1550) von der Quelle bis zur Mündung ein kartographisches Gesamtwerk, gegliedert in einzelne Abschnittskarten.

Bei den in Holz geschnittenen Karten ist der Rheinlauf von links nach rechts abgebildet. Westen ist auf den Karten oben, Maßstab und andere Einteilungen sucht man vergeblich. Der Rhein ist in einer gewundenen Doppellinie dargestellt, die wenig Übereinstimmung mit der Wirklichkeit hatte. Auch bei einmündenden Nebenflüssen verfuhr Sebastian Münster großzügig: Der Hochspeyerbach wurde als Luterfluß (Lauter) bezeichnet und mündet bei Altrip in den Rhein.

Anders die handgezeichnete Rheinstromkarte, die im Zusammenhang mit einem Rheinbefahrungsprotokoll von 1590 entstanden ist und die, als wohl kostbarste Karte, im Generallandesarchiv in Karlsruhe aufbewahrt wird. Diese reicht von Selz i.E. bis Bingen. Sie ist mit einer Detailsystematik erstellt, wie man sie auch nicht annähernd von anderen Stromaufnahmen aus dieser Zeit kennt. Verfasser dieser minutiös gezeichneten Karte war mit hoher Wahrscheinlichkeit der Speyerer Malermeister Wilhelm Besserer, der bereits vorher – namentlich erwähnt – eine sehr schöne und präzise Karte vom Stromabschnitt Speyer-Mannheim angelegt hatte. Für die Bearbeitung eines solch umfassenden Werkes waren Jahre notwendig.

Ihre Fertigstellung wird kurz nach 1595 angenommen.

"Selbst wenn der Maler schon während der Rheinbefahrung 1590 Skizzen dafür angefertigt hatte, so bedurfte es noch einer langen Arbeit im Gelände, um die Karte in der vorliegenden Form zu schaffen. Die Aufgabe des Kartographen bestand darin, die im Protokoll aufgezeichneten Fakten möglichst genau wiederzugeben. Dazu gehörten Lage und Größe der Inseln und deren Vegetationsverhältnisse, Sandbänke, Anhänge, Altrhein und Keele, die Waldungen in der Rheinaue, Jurisdiktions- und Gemarkungsgrenzen, Fähren, Dammbauten, ferner Nutzungsrechte, wie Vogel-, Salmen- und Goldgründe. Auch die Verteilung der Kulturarten der Uferzone (Ackerland, Wiesen, Weide, Wald), Flußmündungen und Flußbrücken sind eingezeichnet. Tatsächlich kann man leicht die Übereinstimmung von Protokoll und Karte feststellen und sich anhand des Protokolls auf der Karte orientieren. Ferner enthält die Karte bildhafte Darstellungen der am Hochgestade gelegenen Siedlungen, fast durchweg die ältesten, die von diesen vorhanden sind ... Alle diese Siedlungen sind weitgehend naturgetreu, jedenfalls was ihre wichtigsten öffentlichen Bauten ... angeht ... Auch die kleineren Orte sind individuell gezeichnet, wenn auch hier das Siedlungsbild etwas vereinfacht ist. Am sorgfältigsten sind Schloß und Stadt Germersheim dargestellt, sowie Schloß und Stadt Udenheim, beide wenige Kilometer südlich von Speyer gelegen. Auch dies legt es nahe, daß der Künstler aus Speyer stammt."*

* Alfons Schäfer, "Der Anspruch von Kurpfalz auf die Herrschaft über den Rhein von Selz i.E. bis Bingen"

Leimersheim.
Erstes, fahles Tageslicht. Konturen werden erkennbar, Farben deuten sich an: Eine Welt ungestörter Natur, die nach ihren Regeln lebt und "pfleglicher Menschenhand" nicht bedarf.

Dettenheim. Rückseite einer ehemaligen Ziegelei.
So etwa dürften die Behausungen ausgesehen haben, in denen die meist bettelarme Bevölkerung in den Rheindörfern lebte, als Tulla sein Werk begann. Dem Schutz der Menschen, ihrer bescheidenen Habe und ihren Feldern galt Tullas Arbeit. Humanität war Motiv seines Handelns.

Die Verkürzung des Rheinlaufes zwischen Neuburg und Frankenthaler Kanal um fast ein Drittel – ein bedeutsamer Fortschritt für die Schiffahrt – spielte für ihn eine untergeordnete Rolle. Für Tulla war die Sicherung der Lebensgrundlagen für die Bevölkerung Mittelpunkt und Ziel seiner Arbeit.

Johann Gottfried Tulla
und sein geniales, gewaltiges Lebenswerk

Der "Bändiger des wilden Rheins", wie Tulla später voll dankbarer Anerkennung genannt werden sollte, wurde 1770 in Karlsruhe geboren. Der Pfarrerssohn, vielseitig und hochbegabt, studierte Mathematik und Vermessungskunde. Die erste Prüfung des "in der Geometrie Beflissenen" Tulla legte dieser vor Baufachleuten ab, die im Dienste des Markgrafen Karl-Friedrich von Baden standen, dem wohl aufgeklärtesten und fortschrittlichsten Fürsten seiner Zeit in Deutschland. In ihm fand Tulla auch seinen Förderer. Zur "Perfektionierung" schickte ihn der Markgraf auf Landeskosten an verschiedene Stellen; technische Schulen gab es noch nicht. Auch Reisen zum Studium der Wasserbaukunst, vor allem zum Niederrhein, aber auch nach Norwegen und schließlich eineinhalb Jahre Aufenthalt in Paris, vervollständigten seine Fachkenntnisse. 1804 wurde Tulla mit dem Titel Hauptmann als Oberingenieur in den Dienst des Markgrafen übernommen. Seine Besoldung war bescheiden, gestattete ihm nur ein karges Leben. Trotz besser dotierter Angebote blieb er der Sache treu, der er sich aus Überzeugung verschrieben hatte.

1809 legte Tulla seinen ersten Plan für eine Gesamtkorrektion vor, der kurioserweise vor allem auf den Widerspruch der Bevölkerung stieß – die zu schützen Ziel der geplanten Maßnahme war. Er versuchte die Vorzüge seines Planes begreiflich zu machen:

"Wird der Rhein rectifiziert, so wird alles längs diesem Strom anders werden. Der Mut und die Tätigkeit der Rheinuferbewohner wird in dem Maß steigen, in welchem ihre Wohnungen, ihre Güter und der Ertrag mehr geschützt sein werden. Das Klima längs des Rheins durch die Verdunstung der Wasserfläche auf beinahe ein Drittel, durch das Verschwinden der Sümpfe und die damit im Verhältnis stehende Verminderung der Nebel wärmer und angenehmer und die Luft reiner werden."*

Dicke Aktenbände mit wissenschaftlichen Darlegungen machen deutlich, wie sehr sich Tulla seine von Humanität geprägte Arbeit zur Lebensaufgabe gemacht hat. Seinen ersten greifbaren Erfolg hatte er mit dem Durchstich 1817 bei Knielingen. Ein schweres Hochwasser 1824 bewies die Richtigkeit der Tullaschen Maßnahmen: Die bereits rectifizierten Abschnitte blieben von Überschwemmungen verschont. Daraufhin kam es 1825 zur Übereinkunft zwischen Baden und Bayern, die Korrektion von Linkenheim bis zur Mündung des Frankenthaler Kanals fortzuführen.

Bereits 1807 gründete Tulla in Karlsruhe eine Ingenieurschule, die heutige Technische Hochschule. Diese Gründung dürfte wohl auch der Impuls für die völlige Trennung Technischer Hochschulen von Universitäten gewesen sein. 1817 wurde Tulla in Anerkennung seiner Leistungen zum Ober-Wasser- und Straßenbaudirektor ernannt und damit auch endlich seiner finanziellen Sorgen enthoben.

Erst 58 Jahre alt, starb Tulla 1828 während eines Aufenthaltes in Paris, wo er ärztliche Hilfe suchte. Gesundheitliche Schwierigkeiten hatten ihn bei seiner Arbeit stets beeinträchtigt. Auf dem Friedhof von Montmartre liegt Tulla beerdigt, nahe bei Heinrich Heine. Sein gewaltiges, bis ins kleinste Detail errechnetes Werk wurde weitgehend nach seinen Plänen vollendet.

* H. Wittmann, Tulla, Honsell, Rehbock. Lebensbilder dreier Wasserbauingenieure am Oberrhein, Berlin 1949, S. 14

Speyer, "Lußheimer Fahrt".
Einer der neun Myriametersteine, die 1874/76 auf pfälzischem Ufer gesetzt wurden. Ein Myriameter entspricht 10.000 Meter. Damaliger Ausgangspunkt für die Messung war Basel.

Mühsame Vorarbeiten zur Einführung eines einheitlichen Maßsystems

Lange schon bevor Tulla in den Staatsdienst übernommen wurde, beschäftigte Wasserbau-Spezialisten die Frage, wie man die verzweifelten Uferbewohner vor der ständigen Bedrohung des Stromes schützen könnte. Brauchbare Ergebnisse konnten sie nicht vorlegen. Nichts hatte sich an dieser Situation geändert, als Tulla sein Amt antrat.

Für ihn stand fest, daß ein Wasserbaumeister genaue Kenntnisse über die zerstörerische Gewalt des Flusses in allen Einzelheiten erforschen mußte, wenn er ihn "bändigen" wollte. Er müsse "das Gefälle, die Geschwindigkeit in verschiedenen Breiten und Tiefen, die Profile nach Länge und Breite, die Festigkeit des Betts und der Ufer, die höchsten Fluthen, die Stärke des Eisgangs, die Menge des mit sich führenden Schlammes, die Höhe des umliegenden Landes, die Größe der sich einmündenden Flüsse, die Wirkung der angelegten Bauwerke auf den Strom und des Stromes auf sie genau kennen".*

Damit aber war es nicht getan. Es fehlte an brauchbarem Kartenmaterial. Darüber war sich Tulla im Klaren, als er eine seiner ersten Denkschriften vorlegte: "Die Grundsätze, nach welchen die Rheinbauarbeiten künftig zu führen seyn möchten". Übersichtskarten genügten als solide Arbeitsgrundlage nicht. Auch ein neues Maßsystem galt es einzuführen. Tulla mußte ein eigenes maßstäbliches Kartenwerk erstellen. Die Wasser- und Schiffahrtsdirektion Duisburg schreibt hierzu ("Der Rhein"): Den Planungen von Tulla "voraus gingen zeitraubende, mühsame Arbeiten zur Einführung eines einheitlichen Maßsystems nach Metern und Umrechnung der verschiedenartigen Längen- und Flächenmaße in dem aus 27 Hoheitsgebieten entstandenen Lande Baden, ausgedehnte Vermessungen durch Triangulation und Topographie sowie hydrographische Untersuchungen, an denen sich Tulla selbst ausgiebig beteiligte."*

Die erste Längenvermessung des Rheinstromes wurde 1864 von den Rheinuferstaaten beschlossen. Das Königliche Straßen- und Flußbauamt Speyer setzte im Vollzug dieses Beschlusses 1874/76 in Abstimmung mit den badischen Nachbarn auf pfälzischem Ufer 9 Myriametersteine (1 Myriameter = 10.000 Meter). Zur Stromseite hin trugen diese Steine römische Zahlen; auf dem pfälzischen Stromabschnitt von XVIII – XXVII. Seitwärts am Stein war die Entfernung zur Landesgrenze – je nach Seite, stromauf oder stromab – angebracht. Die landeinwärts gerichtete Steinseite wies die Entfernung von Basel (damals Ausgangspunkt der Messung) und die bis zur Mündung in Rotterdam aus. Später folgten eigene Kilometrierungen einzelner Uferstaaten in ihrem Bereich – bis es schließlich 1939 zur durchgehend gekennzeichneten Kilometereinteilung kam. Ausgangspunkt der Messung ist seit damals die Konstanzer Rheinbrücke. Der jeweilige Stromkilometer steht in großen Zahlen auf weißen Tafeln, die Halbkilometerpunkte sind durch ein Kreuz, die Hundertmeterpunkte durch weiße Pfähle markiert. Der pfälzische Stromabschnitt beginnt bei Stromkilometer 352.07 an der deutsch-französischen Grenze und endet an der früheren bayerisch-hessischen Landesgrenze bei Roxheim mit Stromkilometer 438.41.

* Zitiert nach: Eberhard Menz, Technik und Humanität. Johann Gottfried Tulla, Mannheim 1989

Ein Rhein-Durchstich: Von “militärischer Exekution” zur Freudenfeier

Der Knielinger Durchstich sollte bereits 1813 begonnen werden, doch brachte ein Krieg den Zeitplan zum Scheitern: Nach der Völkerschlacht bei Leipzig im Oktober 1813 zog sich die geschlagene französische Armee nach Frankreich zurück. Die Verbündeten setzten im Winter über den Rhein mit dem Ziel, Paris zu erobern und Napoleon zu stürzen. Wieder wurden die Uferbewohner von schwerem Hochwasser heimgesucht. Das führte 1817 zur Übereinkunft zwischen Baden und Bayern, die Arbeiten beschleunigt in Angriff zu nehmen. Die badische Regierung verpflichtete sich – den Pfortzer und Neupfotzer Durchstich gleich – den Wörther 1818 durchzuführen, während Bayern die Arbeiten an den beiden Knielinger Durchstichen übernahm. Die Knielinger ließen es zur Konfrontation kommen. Ein Landauer Baukondukteur berichtete: “... als man bald in der Mitte von Knielingen war, hörte man plötzlich eine Trommel rühren und sah die Exekution aus 26 Mann Militär, welches den dortigen Bewohnern eine auffallende Erscheinung darbot, einrücken. Nach eingegangener Privatkunde soll diese Exekution so lange verbleiben, bis die Durchschnittslinie geräumt ist, jedem Mann gut aufgetischt und noch 24 Kreuzer unter den Teller gelegt werden müssen. Die Wirkung dieser Maßregel ist so vortrefflich, daß die Einwohner heute schon in ganzer Masse in Wald gezogen und mit ganzem Ernste an der Wegräumung des Holzes arbeiten.”

Dem Protokollbuch der Gemeinde Eggenstein ist zu entnehmen: “Da nun nach langen vielen Bemühn die Rheindurchschnid zu stande gekomen sind, so wird im May 1817 schon angefangen aber durch den Grossen Rhein wieder verhindert worden. im September, als das Wasser wieder zurückgieng wird angefangen. von Eggenstein musste auf Amtlichen Befehl Anwald Dürr mit 30 Jungen Manschaft nach Knielingen um Dorten an der Durchschnids Linie durchzuhauen. Wurden aber von den Knielinger zurückgeschlagen das Etliche verwundet worden sind. Anwald Dürr machte sogleich Anzeige bey Amt. Auf dieses bekommen die Knielinger gleich Militär Exekuzion und mussten selbst durch Raumen und den Eggensteiner vor ihre Schläg mussten sie zalen 72 fl*. Auf dieses wird im Neupforzerwald durchgehauen von den Bayerischen unterthanen ... Den 20. Januar 1818 ist der Durchschnid durchgestochen worden ... Dabey ist gewesen die Prinzen Leobold, Wilhelm, Graf von Fürstenberg Fürst Taxes von Oestreich und sonst viele Heren, es sind zu rechnen bey 1000 Personen sind als Zuschauer gewesen.

Nachmittag um 3 ½ 4 Uhr hat der Vogt befolen es laufen zu lassen. Da wird vor freuden geschossen und Musig gemacht. Nach her wird wieder herüber gefahren da hat man den Herrn und den Vogt zu ehren auf dem Gang vom Rhein bis an das Ort mit Glockenspiel geliten und mit Musig und Flambo und Schiessen in das Wirth Haus eingezogen. Die ganze Gemeind hat die zwey folgenden Tage Kirbe gehalten vor Freuden das der Rhein von unseren Feldern ist abgewendet worden. Dieses alles haben wir dem Oberst Leitnant Tulla und dem Vogt Neck zu danken. Den 4. und 5. Tag darauf sind schon Schiff mit Holz und Faschinen dadurch gefahren. Das hat schon einen Kanal von 5 bis 6 Schuh aufgewiesen.”**

* Anmerkung: Abkürzung fl = Gulden. Ein Knecht verdiente jährlich (ohne Kost) bis 50 Gulden, ein Feldschütz etwa 80 Gulden, ein Lehrer 200-400 Gulden.

** Generallandesarchiv Karlsruhe Nr. 237/24323

Eggensteiner Altrhein.
Eggenstein feierte im Januar 1818 ein großes Freudenfest, als der "Durchschnid durchgestochen worden war". Heute bietet sich der Eggensteiner Altrhein nur noch als schmale Wasserrinne dar, mit reicher Pflanzenwelt und einer ungewöhnlich üppigen Unterwasserflora, die im sauber wirkenden Wasser in all ihrer Fülle sichtbar ist.

Philippsburger Altrhein.
Nur durch einen "Schutzwall" brusthoher Brennesselstauden war dieser Aufnahme-Standort erreichbar. Ein Altrheinarm, der noch viel Urtümliches hat.

Ketsch.
In der Altrheinlandschaft ein ungewohnter Anblick: Die überdachte Brücke, wie man sie sonst nur in schneereichen Gegenden antrifft. Eine Arbeit von handwerklich achtbarer Qualität.

Wörther Altrhein.
Nur “einen Steinwurf” vom Industriegleis des Wörther Hafens entfernt, Teil einer heilgebliebenen Altrheinwelt.

Rußheimer Altrhein.
Frühsommer. Wasser und Ufer schon in monochrome Grüntöne getaucht. Eine Vegetation von fast tropischer Fülle.

Manch lauschiger Abend wurde den Bewohnern am Oberrhein durch abendliche Schnakeninvasion zur Plage. Dem ehemaligen Landrat und Regierungspräsidenten a.D., Dr. Paul Schädler, ist es zu verdanken, daß dieses "gottgewollte" und hingenommene Übel nahezu verschwand. Auf seine Initiative hin wurde im März 1976 die "Kommunale Aktionsgemeinschaft zur Bekämpfung der Schnakenplage e.V." (KABS), Ludwigshafen (Rhein), ins Leben gerufen. Die zunächst eingesetzte Ölfilmmethode, von Gegnern der chemischen Bekämpfung abgelehnt, wurde inzwischen durch den biologischen Einsatz mit dem Bacillus thuringiensis israelensis (B.t.i.) abgelöst – und brachte erstmals befreiende Erleichterung.

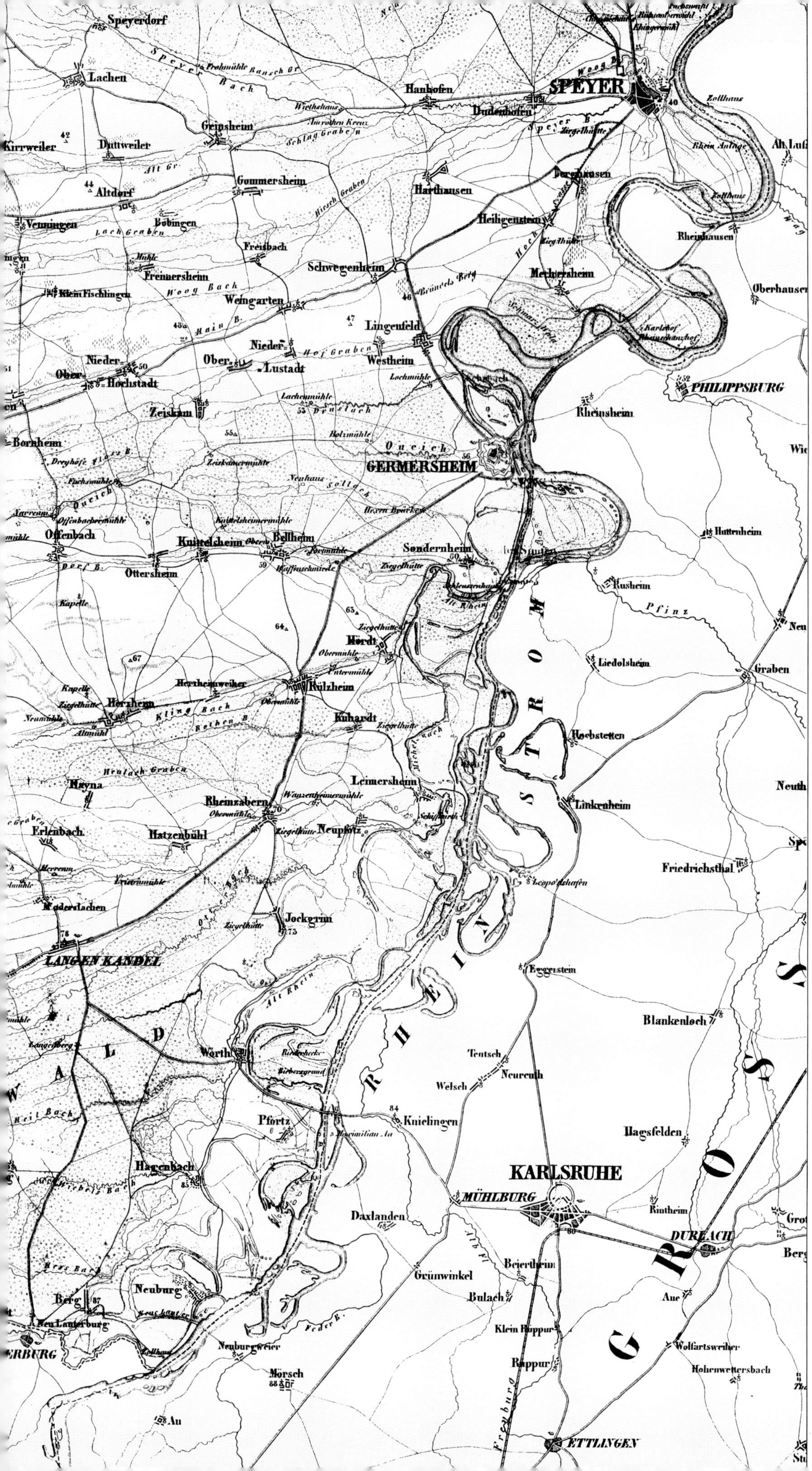

Ausschnitt aus einer Karte:
"Die bayerische Pfalz nach den neuesten Aufnahmen bearbeitet im topographischen Bureau des kgl. bayr. Generalquartiermeister-Stabes München 1845."
(Originalmaßstab 1 : 1 500 000)

Der Verlauf der Rheindurchstiche, auch der noch nicht fertiggestellten, ist auf der Karte erkennbar.

Die gestrichelte Linie im Rhein markiert die Landesgrenze zwischen der Pfalz und Baden.

Als Grenzlinie gilt die jeweils tiefste Stelle im Strombett.

Daten der Rheindurchstiche

1. Neuburg:	Begonnen	1817
	Talwegsaufnahme	1821
2. Daxlanden:	Begonnen	1819
	Talwegsaufnahme	1822
3. Pforz:	Begonnen	1817
	Talwegsaufnahme	1824
4. Knielingen:	Begonnen	1817
	Talwegsaufnahme	1818
5. Wörth:	Begonnen	1818
	Talwegsaufnahme	1821
6. Neupfotz:	Begonnen	1817
	Talwegsaufnahme	1828
7. Linkenheim:	Begonnen	1826
	Talwegsaufnahme	1830
8. Leimersheim:	Begonnen	1827
	Talwegsaufnahme	1837
9. Germersheim:	Begonnen	1826
	Talwegsaufnahme	1833
10. Rheinsheim I:	Begonnen	1826
	Talwegsaufnahme	1832
11. Rheinsheim II:	Begonnen	1826
	Talwegsaufnahme	1832
12. Mechtersheim:	Begonnen	1837
	Talwegsaufnahme	1844
13. Rheinhausen	Begonnen	1842
	Talwegsaufnahme	1844
14. Angelhof:	Begonnen	1826
	Talwegsaufnahme	1879
15. Otterstadt:	Begonnen	1833
	Talwegsaufnahme	1845
16. Altrip:	Begonnen	1865
	Talwegsaufnahme	1874
17. Ketsch:	Begonnen	1833
	Talwegsaufnahme	1839
18. Friesenheim:	Begonnen	1827
	Talwegsaufnahme	1862

Emil Balles, Altrip und der Rhein

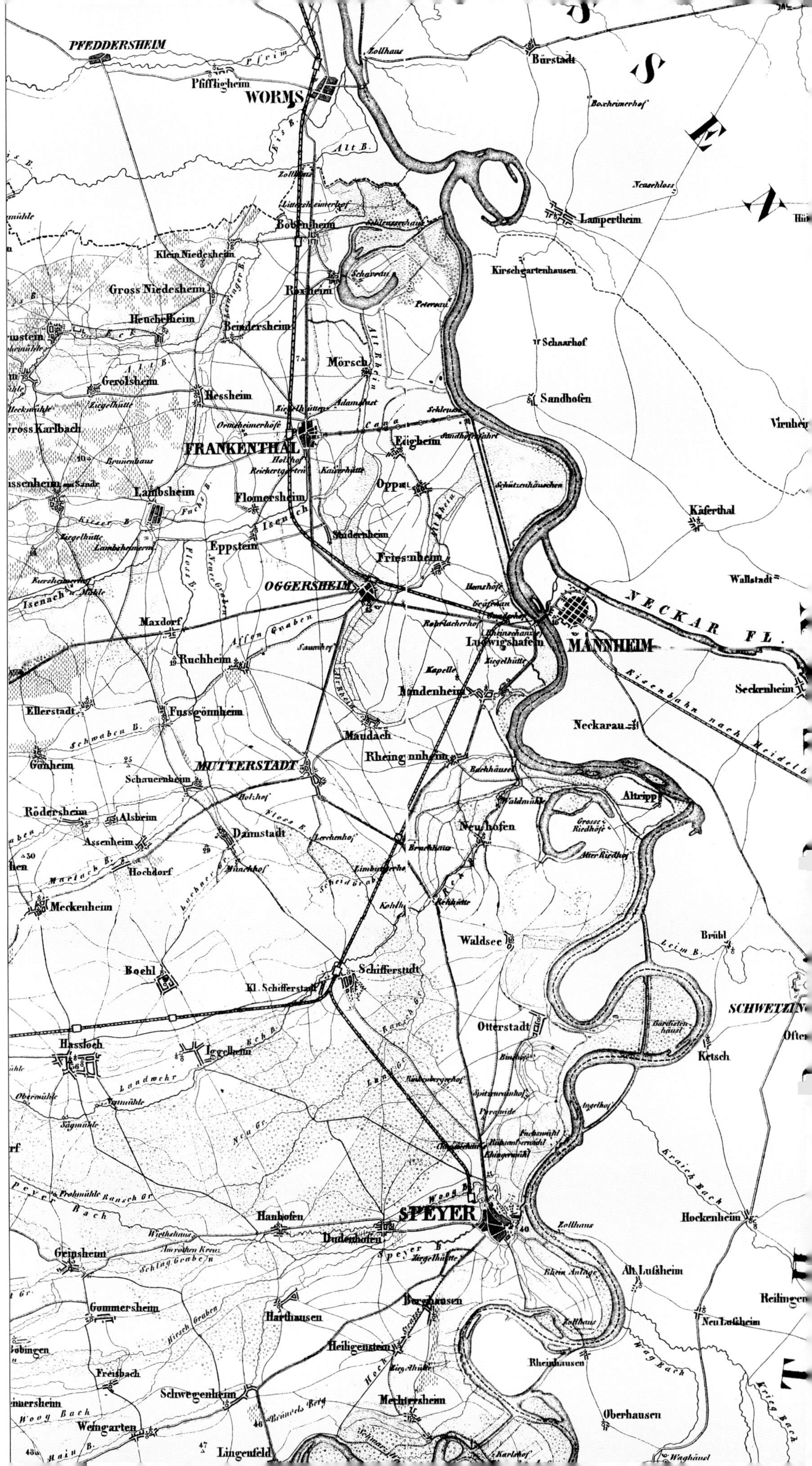

"An einem Strom geboren zu werden, im Bannkreis eines großen Flusses aufzuwachsen, ist ein besonderes Geschenk. Es sind die Ströme, die die Länder tragen und die Erde im Gleichgewicht halten, da sie die Meere miteinander verbinden und die Kommunikation der Weltteile herstellen.
Im Stromland ist es, im Schwemmland, in den dunstgesättigten Auen fruchtbarer Ufer, wo die Völker sich ansiedeln, wo ihre Städte und Märkte, Tempel und Kirchen erstehn, wo ihre Handelswege und ihre Sprachen sich begegnen. Im Strome sein, heißt, in der Fülle des Lebens stehn."

Carl Zuckmayer,
"Als wär's ein Stück von mir"

Die bayerische Pfalz, von "Zwockeln" und "Halbfranzosen"

Die Rheinkorrektion nach den Plänen von Tulla wurde in der Zeit durchgeführt, als die Pfalz zu Bayern gehörte – deshalb auch der Titel vorstehend abgebildeter Landkarte "Die bayerische Pfalz". Wie kam es, daß die Pfalz ein Teil Bayerns wurde?
Die alte Kurpfalz erlebte eine letzte Blütezeit unter Carl Theodor, der nach dem Tode des letzten bayerischen Kurfürsten 1777 Pfalz und Bayern in einer Hand vereinigte. Im Frieden von Lunéville (1801) machte Napoleon den Rhein zur französischen Grenze. Mit seinem Spruch: "der Rhein trennt", war das Ende der Kurpfalz besiegelt. 1806 bekam Baden Teile der ehemaligen rechtsrheinischen Kurpfalz, darunter auch die alte Hauptstadt Mannheim. Andere Teile fielen Hessen-Darmstadt zu. Die linksrheinischen Territorien des Bistums Speyer sowie das Herzogtum Zweibrücken, waren im "Rheinkreis" aufgegangen. Die Bezeichnung "Rheinkreis" geschah nach französischem Vorbild, da in Frankreich nach der Revolution Verwaltungseinheiten nach geographischen Vorgaben benannt wurden.
Nach dem Ende der französischen Herrschaft wurde beim Wiener Kongreß und der dabei geschaffenen territorialen Neuordnung Bayern als Entschädigung für das an Österreich abgetretene Salzburg, das Inn- und Hausruckviertel u.a., 1816 die linksrheinischen Gebiete, also der "Rheinkreis", zugesprochen. Bei dieser Bezeichnung blieb es bis 1837. Ab 1838 gab König Ludwig I. den Kreisen wieder historisch begründete Namen. Der "Rheinkreis" wurde zur "Pfalz". Auch als die Monarchie 1918 zu Ende ging, änderte sich nichts an der Zugehörigkeit der Pfalz zu Bayern. (Erst im Dritten Reich erfolgte die Trennung, als 1940 die "Saarpfalz" entstand, kurz darauf in "Westmark" umbenannt.) Doch zurück in die Zeit der Rheinkorrektion: Bayerische Beamte, die in die linksrheinischen Gebiete versetzt wurden, waren von ihrer Versetzung selten begeistert. Nicht umsonst kam der Spruch auf:

"Wen der liebe Gott will strafen,
den schickt er nach Ludwigshafen.
Wen er gar vergessen hat,
den schickt er in die Kreishauptstadt.
Doch schickt er ihn nach Germersheim,
so geh er lieber in den Rhein."

Umgekehrt aber waren auch die Pfälzer von ihren neuen Landsleuten nicht sehr angetan. Erster Regierungspräsident wurde Franz Xaver von Zwackh zu Holzhausen. Zwackh hörte sich in der bayerischen Mundart wie "Zwockh" an – worauf die Pfälzer kurzerhand alle Bayern "Zwockel" nannten. Die Bayern revanchierten sich mit der Bezeichnung "Halbfranzosen". Die Pfälzer, ein recht realistischer Menschenschlag, störte das kaum, denn immerhin hatten sie aus der französischen Revolution Nutzen gezogen: Wirtschaft, Verwaltung und Justiz hatten sich grundlegend verändert. Alle Zehnten waren abgeschafft, Frondienste eingestellt, die Leibeigenschaft aufgehoben, Gewerbefreiheit und öffentliches Gerichtsverfahren eingeführt. In dem bayerischen Oberbaurat Bürgel – von der Gemeinde Wörth, die er aus "Rheinsnöten gerettet hat" zu deren Ehrenbürger ernannt – fand Tulla einen maßgeblichen Helfer. Briefe an Bürgel unterschrieb er: "Stets ... Ihr Freund Tulla".

Hüfthoch stehen Gräser. Dazwischen mannshohe Stauden, deren dünne Ruten ins Gesicht kratzen. Fußangeln aus Wurzeln lassen straucheln. Dahinter das grüne Dickicht von Lianen, wildem Hopfen, Geißblatt und Efeu – ein fast undurchdringlicher Vorhang. Der Rheinwald scheint sich gegen Besucher zu wehren. Man spürt seine unerschöpfliche Lebenskraft – wenn er von Menschenhand verschont bleibt.

Angelkähne aus Holz, gegerbt von Wetter und Wind, sind in den Altrheinarmen selten geworden. Zunehmend wurden sie durch Eisen- oder Kunststoffboote ersetzt.

Für Otterstadt ein Glücksfall, für Waldsee Unrecht und Verlust

"Der Wert der Wälder erfrischt nicht nur Auge und Herz, sondern auch die Kassen der Gemeinden. Das haben die Otterstadter 1887 erfahren, als sie den Angelwald am Reffenthal um sage und schreibe 89.000 Goldmark an einen Ludwigshafener Dampfziegeleibesitzer zur Ausbeutung auf Ziegellehm verkauften und von dem Spekulationsgewinn ihre aufwendige neugotische Kirche bauten." (Anton Doll, "Der Landkreis Speyer")

Otterstadt war nach jahrzehntelangen Schwierigkeiten in den Besitz des Angelwaldes gekommen. Beim Rheindurchstich 1840 fiel ein Teil seiner Gemarkung auf die rechtsrheinische Seite bei Ketsch. 1844 unterbreitete Baden das Tauschangebot für das abgetrennte Otterstadter Gelände, den im badischen Besitz befindlichen Angelwald an Otterstadt abzutreten und den Mehrwert für die größeren Otterstadter Ländereien in Geld auszugleichen. Annähernd 11.000 Gulden brachte das nach langem Warten in die Gemeindekasse der Otterstadter. Der Gemeindeeinnehmer hatte schon nachdrücklich gemahnt, sie seien "dermalen ganz vom Gelde entblößt" – zumal in Erwartung des Guldensegens schon kräftig investiert worden war. (Alfons Schreiner, "Otterstadt, Die Geschichte eines Dorfes")

Schlecht kam bei der Rheinkorrektion die Gemeinde Waldsee davon, die bis Ende des 18. Jahrhunderts noch Walzheim hieß – mundartlich damals wie heute "Walze". Die alte "Kolder" – heute als Kollerinsel oder kurz als "Koller" bezeichnet – war früher eine durch den natürlichen Rheinlauf gebildete Halbinsel auf der rechten Rheinseite, weitgehend aber im Besitz der Gemeinde Waldsee. Durch den Lunéviller Frieden 1801 und den napoleonischen Machtspruch, "Der Rhein trennt", fiel der rechtsrheinische Besitz an Baden. Waldsee sollte als Entschädigung linksrheinisch gelegenes Gelände bekommen, das aber weder größennoch qualitätsmäßig dem Bodenverlust entsprochen hätte. Die stolzen Waldseer Bürger lehnten ab. Als gute Patrioten glaubten sie zudem, daß die Franzosen irgendwann aus Deutschland vertrieben würden und dann die Koller automatisch an sie zurückfiele.

Die Hoffnung auf den Franzosenabzug erfüllte sich – nicht aber die Rückgabe der Koller, denn auch beim Wiener Kongreß 1814/15 ging die Gemeinde leer aus. Infolge des Rheindurchstiches fiel das Gelände zwar an Bayern, aber die wollten gegenüber ihrer Festung Germersheim einen rechtsrheinischen Brückenkopf behalten und tauschten dafür die Kollerinsel mit Baden. Kurz und bündig heißt es dazu in der "Übereinkunft über den Austausch des zur Erbauung des Brückenkopfes bei Germersheim erforderlichen Terrains vom 28. April 1840" (§ 2): "Bayern überläßt dagegen an Baden die Landeshoheit über den in Folge der Rheinrektifikation ihm zustehenden Ketscher Durchstich, der Koller genannt." Auch viele Eingaben, "der Gemeinde zu ihrem Recht zu verhelfen", änderten daran nichts. Die unrechtmäßige Enteignung blieb. So untersteht die Kollerinsel – obwohl linksrheinisch gelegen – heute der Landesregierung in Stuttgart; ebenso ist der "rechtsrheinische Brückenkopf" gegenüber der "Festung" Germersheim ein Stück Pfalz in Baden geblieben. Und Waldsee wartet noch immer auf eine Entschädigung für die Grundstücksenteignung ...

Otterstadt, "Koller".
Das kleine Kinderspielhaus, eingebettet zwischen alten Bäumen und üppigem Pflanzenteppich, sucht man heute vergeblich. Vor einigen Jahren, als dort Idealisten noch Jugendlager durchführten, fühlte sich wohl manches Kind in sein Märchenland versetzt.

Sondernheim.
Trockenschuppen der stillgelegten Ziegelei am Rheinufer erinnern an viele Ziegeleien, die es einst entlang und nahe der Wasserstraße Rhein gab. Ausreichende Lehmvorkommen, günstige Transportmöglichkeiten waren gute Standortbedingungen. Heute gibt es entlang des beschriebenen Stromabschnittes keine dieser Ziegeleien mehr.

Sondernheim, Rheinauen.
Eine fast unwirkliche “grafische Formation”, wie ein Fremdkörper in der Wildnis der Altrheinlandschaft wirkend: Entstanden aus einer ehemaligen Lehmgrube, die heute als Fischteich genutzt wird, ufergesäumt mit Pappeln in “Reih und Glied”.

Hördt, im Auwald.
Es ist schwül. Altwasser und Rheinwald flimmern in samtfarbenen Grüntönen. Mächtige Weiden suchen mit weitverzweigtem Wurzelwerk Halt im sumpfigen Boden. Nur vereinzelt sind Tierlaute zu hören. Wohltuende Stille, in die man hineinlauscht, die Zeit vergessend.

Dettenheim.
Entlang des Stromes mit dem Irrgarten seiner Altwasser, Weiher und Tümpel – oft Reste früherer Tongewinnung – schwebt an warmen Tagen ein Dunstschleier, der die Fantasie frei – aber das Atmen schwer macht.

Nahe Huttenheim.
Am Zusammenfluß des verlängerten Pfinzkanals und eines Rheinniederungskanals. Durch ein weitverzweigtes Netz dieser Seitenkanäle, Gräben und Hauptvorflutern wird das in der Niederung sich sammelnde Wasser bei normalem Rheinwasserstand den Dammschleusen und bei geschlossenen Schleusen den Pumpwerken zugeführt. Damit wird weitgehend vermieden, daß Felder durch geschlossene Rheinschleusen und zusätzliches Druckwasser zu lange von einer Wasserschicht bedeckt sind.

Die Entwässerung der Niederungsgebiete durch Pumpwerke und Gräben

von Emil Balles

Die Rheinkorrektion und die damit verbundene Eindeichung des Hochwasserprofils in den Jahren 1817 bis 1875 waren die ersten Schritte zur Entwässerung der Rheinniederung. Die Niederung war damit durch die Hauptrheindämme vor unmittelbarer Überschwemmung – die bei Pegelständen über 7,50 Meter fast die ganze ungeschützte Niederung bis an das Hochufer unter Wasser setzte – an sich gesichert. Das sich in der Niederung sammelnde Wasser konnte bis zu den Mittelwasserständen des Rheins durch die in den Hauptrheindämmen eingebauten Schleusen ungehindert in den Rhein abfließen.

Jedoch litten beträchtliche Niederungsflächen infolge unzulänglicher Abflußmöglichkeiten selbst bei normalem Rheinwasserstand unter zu hohem, für die Vegetation schädlichem Grundwasser. Bei höherem Rheinwasserstand waren sowohl die Binnenbäche als auch der Grundwasserstrom von der natürlichen Vorflut abgeschnitten, denn die Rheindammschleusen wurden bei Überschreitung des Mittelwasserstandes geschlossen, um ein Einströmen von Rheinwasser in die Niederung zu verhindern. Die sich dadurch im Niederungsgebiet stauenden Wassermengen wurden bei hohen und lang anhaltenden Rheinhochwässern zusätzlich durch Druckwasser vermehrt.

Länger dauernde hohe Rheinwasserstände führten somit zu ausgedehnten Überschwemmungen des Binnengeländes, trotz der Rheindämme. Wenngleich auch den Menschen dadurch keine Gefahr mehr für Leben, Hab und Gut drohte wie vor Tulla, so waren doch die wirtschaftlichen Schäden gerade für die arme Landbevölkerung untragbar.

Das katastrophale Hochwasser im Jahr 1910, mit einer Überschwemmung von drei Monaten Dauer während der Vegetationsperiode, war der letzte Anstoß zur Beseitigung dieser existenzbedrohenden Zustände.

Die Notwendigkeit der künstlichen Wasserhebung wurde schon recht frühzeitig nach der Rheinkorrektion erkannt. Bereits um 1870 wurden bei Speyer und bei Roxheim Schöpfwerke für die Entwässerung der Niederungsgebiete errichtet. Die künstliche Wasserhebung besorgten Schöpfwerkspumpen, die durch Dampfkraft angetrieben wurden. Diese Pumpwerke waren jedoch unzulänglich. Nach dem Ersten Weltkrieg wurde mit der großzügigen Entwässerung der gesamten Rheinniederung sowohl in Baden als auch in der Pfalz begonnen.

Durch ein weitverzweigtes Netz von Hauptvorflutern und Seitengräben wird das in der Niederung sich sammelnde Wasser bei normalem Rheinwasserstand den Dammschleusen und bei geschlossenen Schleusen den Pumpwerken zugeführt.

Eine Ergänzung des Verfassers hierzu: Die Armut der Bevölkerung war Mitte des 19. Jahrhunderts erdrückend. Nicht die gescheiterte Badische Revolution 1848 löste die große Auswanderungswelle nach Nordamerika aus, sondern nackte Not. Manche Gemeinden unterstützten die zur Auswanderung Bereiten durch Abholzen großer Auwaldbestände, um mit dem Erlös aus dem Holzverkauf die Überfahrt zu finanzieren. Zweifellos hat die Niederungsentwässerung zu erhöhten landwirtschaftlichen Erträgen geführt. Dennoch genügte die Nahrungsmittelerzeugung keineswegs der rasch wachsenden Bevölkerung: Die Not blieb.

Insel Floßgrün (auch "Flotzgrün").
Pumpwerk, das im Zusammenhang mit der vorstehend beschriebenen Entwässerung der Niederungsgebiete zu sehen ist.
Der Name "Floßgrün" hat nichts – wie häufig angenommen wird – mit der Flößerei zu tun. "Floßgrün" ist als "Sandbank" ("grien") im Fluß (althochdeutsch "flôz") zu deuten.

Hördter Rheinauen.
Schleuse Sondernheim, “an de’ Schließ”,
wie die Einheimischen sagen.

Eine Hochwasserkatastrophe – bleibende Gefahr für Menschen am Rhein

Die Rheinkorrektion durch Tulla hat die fast regelmäßige Überschwemmung der Rheinniederung weitgehend gebannt. Hochwasserkatastrophen in längeren zeitlichen Abständen, vor allem sogenannte "Jahrhundert-Hochwasser", kann aber auch diese schützende Maßnahme nicht verhindern.

In den letzten Dezembertagen des Jahres 1882 brachen die schützenden Rheindämme an vielen Stellen und lösten eine schreckliche Katastrophe aus. Die Hiobsbotschaften überschlugen sich: Die Dämme brechen bei Altlußheim, Otterstadt und Mannheim. Schließlich sind der Kanaldamm bei Frankenthal und auch der Hauptrheindamm bei Oppau den ungeheuren Wassermassen nicht mehr gewachsen: Am 30. Dezember, nachts gegen 3 Uhr, bricht dort der Damm. In Oppau selbst, aber auch in den umliegenden Orten Friesenheim und Oggersheim, wurden zunächst nur die niedergelegenen Wohnungen überflutet. Edigheim war bereits völlig unbewohnbar. Am frühen Nachmittag des Neujahrstages kam der Rhein hier zum Stillstand. In der katholischen Kirche Friesenheims waren am 2. Januar 1883 mehr als 400 Flüchtlinge mit Vieh und Hausrat untergebracht. Roxheim glich einer Insel, die stündlich kleiner wurde. Fast 180 Pferdegespanne und Wagen standen auf den höherliegenden Dorfstraßen, mit Möbeln, Hausrat, Kartoffeln und Futter beladen. Nachts um 4 Uhr wurde die Kirche für die Obdachlosen geöffnet. Knietief wateten sie durch das eiskalte Wasser (wenige Tage vorher herrschte noch klirrender Frost mit 20 Grad unter Null), um wenigstens das nackte Leben zu retten.

Schon am 29. Dezember riefen in Neuburg und Neuburgweier Sturmglocken und Ortsschellen Männer und Schulbuben "zum Dämmen". Auch nachts, bei Fackellicht, wird fieberhaft gearbeitet. Tiefere Ortsteile stehen bereits etwa einen Meter unter Wasser. Ein Augenzeuge berichtet: "Der 31. Dezember – endloses Regnen und Stürmen, das Wasser steigt unglaublich schnell. Am Abend tönen Schreckensrufe. Gurgeln, Tosen – der Schiffsheckdamm an der alten Lauterschleuße ist gebrochen. Viel Vieh ertrinkt an Ketten. Über 30 Nachenbesitzer sind pausenlos im Einsatz und retten schiffig viele Hilflose vor dem Ertrinken. Neuburg, ein Dorf im pfälzischen Meer, ist nur in halbstündiger Fahrt mit dem Kahn erreichbar."*

Der Rhein fließt heute schneller, gewaltiger, als vor der Begradigung. Eine Hochwasserwelle von Basel bis Speyer braucht heute nur noch knapp zweieinhalb, gegenüber früher vier Tagen. Viele ursprünglich vorhandene natürliche Retentionsräume sind verloren gegangen. Alleine durch den Ausbau des Oberrheins zwischen Basel und Iffezheim in den Jahren 1955 und 1977 entfiel eine natürliche Überflutungsfläche von 130 Quadratkilometern.

Wie wichtig es ist, Vorsorgemaßnahmen gegen Hochwasserkatastrophen zu treffen, wird deutlich, wenn man bedenkt, daß 1955 der Pegelstand in Speyer mit 8,67 Meter nur 20 Zentimeter unter der beschriebenen Hochwasserkatastrophe von 1882 blieb (Normalpegelstand 3,50 Meter). Übrigens: Ein extrem niederer Wasserstand wurde 1954 mit 1,52 Meter gemessen.

* Quelle: Manfred Hüther, "Die Rheinpfalz", 28.12.1982

Speyer, Hochwasser im Jahr 1983.

Malerische Altrheinlandschaft und das Malerdorf Wörth

Der Rhein mit seinem lebhaften und bunten Treiben am Strom, seinen Städten und Domen, bot schon lange vielfältige Anregung für Holzschneider, Kupferstecher und Maler. Den malerischen Reiz der Altrheinlandschaft und ihrer Auen entdeckten Künstler erst kurz vor der Jahrhundertwende. Um diese Zeit wurde der aus Frankreich kommende Pleinairismus – die Freilichtmalerei – spürbar. Auch deutsche Maler begannen zunehmend diese Malweise aufzugreifen. 1894 kam Heinrich Zügel, Akademielehrer in Karlsruhe, zum ersten Mal nach Wörth. Altwasser, knorrige Weiden, schlanke Pappeln, weidendes Vieh mit Buschwerk und Schilf – unter der dunstigen, flirrenden Luft der Rheinniederung – faszinierten den Impressionisten Zügel. Als er ein Jahr später an die Münchener Akademie berufen wurde, zog Zügel in den Sommermonaten mit seinen Schülern immer wieder nach Wörth, fast dreißig Jahre hindurch. Wörth wurde Malerdorf, die Zügelschule ein Begriff. "Die Wörthschule war neben Dachau und Worpswede die dritte klassische Künstlerkolonie in Deutschland".*

Maler, deren Namen zu einem Begriff wurden, wie Max Bergmann, Otto Dill, Emanuel Hegenbarth, Paul Junghanns waren Zügelschüler. Wörth kann in seiner Bedeutung mit der Schule von Barbizon (Frankreich) verglichen werden, Wegbereiterin des Pleinairismus und Impressionismus.

Im alten Rathaus von Wörth erinnert eine Galerie mit Werken von Zügel und einiger seiner Schüler an das ehemalige Malerdorf. Auch in einer Reihe von Straßennamen leben Namen der "Wörthschule" fort.

Fast parallel dazu, als Hans Thoma 1899 Professor an der Kunstakademie in Karlsruhe wurde, wandten sich auch die Karlsruher Maler den landschaftlichen Schönheiten der Rheinniederung zu, vor allem beim Dorf Daxlanden. Die "Daxlander Sezession" entstand mit Künstlern wie Wilhelm Volz und Camil Mackloth. Für den Thoma-Schüler Albert Haueisen, der von 1919 bis 1933 Professor an der Karlsruher Akademie war, blieb die Rheinniederung ein Leben lang Anziehungspunkt und Heimat. Die fruchtbare Ebene um Jockgrim, dem Dorf, aus dem seine Mutter stammte, bot ihm unerschöpfliche Motive. Albert Haueisen übersiedelte 1933 ganz in das ihm so vertraute Dorf.

Der 1986 verstorbene Maler Karl Graf aus Speyer hat in unzähligen Studien Werden und Vergehen in dieser Urlandschaft festgehalten. Seine Ölbilder atmen den Dunst "des stillen Altwassers neben dem gleißenden Strom" – wie er schrieb – um fortzufahren: "Die Rheinaltwasser stecken voller malerischer Reize." Diesen Reizen unterliegen auch heute noch Pleinairmaler. Die in Karlsruhe lebende Mia Leinberger fasziniert stets neu "die nebelverhangene Rheinebene unserer Heimat". Theo Ofer aus Harthausen: "Der Altrhein zieht mich immer wieder an. Die alten Weiden mit ihren silberglänzenden Blättern, die Nachen der Fischer und die oft endlose Ruhe." Der in Schwetzingen und Freimersheim arbeitende Heinz Friedrich sucht gleichfalls oft diese Stille: "Am Ufer vertäute Anglerkähne, ein hochschnellender Fisch, ein bewegungslos stehender Reiher – ein Refugium voll von wechselnden Stimmungen: Das ist für mich der Altrhein."

* Eugen Diem, Zügel-Monographie

Dettenheim.
Beginnender Tag. Die aufgehende Sonne taucht die Auenlandschaft in fahles rötliches Licht. Dunstfelder überdecken die Niederung; Nebelschleier, die erst allmählich dem neuen Tag weichen.

Berghäuser Altrhein.
Silberweiden können bis zu 300 Tage im Jahr im Wasser stehen. Meist im Spätsommer werden die Uferränder wieder trocken. Dann haben die "Wurzelbärte" an den Stammfüßen ihre Pflicht und Schuldigkeit getan, werden nicht mehr benötigt. Während der Überflutungszeit dienten sie dazu, zusätzlich gelösten Sauerstoff aufzunehmen.

"Altrheinvater" Professor Alois Gruber: Ein Stimmungsbild der Landschaft

Erinnerungen seines Sohnes Magnus

Der Altrhein war für mich als echtem Speyerer Bub schon in der frühesten Jugend ein fester Begriff, und die vom Vater gelegte Liebe zu dieser einmaligen Landschaft hat sich bei mir bis zum heutigen Tage erhalten. An seiner Hand erlebte ich in unzähligen Spaziergängen und Wanderungen die Altrheinlandschaft rings um unsere Stadt. An Sonntagen war es bei guter Witterung ein ungeschriebenes Gesetz, daß sich unsere Familie, zusammen mit der befreundeten Familie des damaligen Oberbürgermeisters Leiling, aufmachte, um über den "Kugelfang" in den Berghäuser Altrhein zu pilgern. Vorweg die Kinder. Vater wußte uns in seiner ihm eigenen Pädagogik für die Pflanzen- und Tierwelt dieser Auwälder und Weidenauen, der Altrheine und Auen zu begeistern, sie darzustellen und uns beizubringen. Nicht umsonst wurde er nicht nur von seinen Schülern der "Altrheinvater" genannt. Er war es wirklich. Er zeigte uns die knorrigen Eichen, die schlanken Eschen, wußte uns die Pappel aus Kanada von der Silberpappel unterscheiden zu lernen, wies uns auf die Traubenkirsche, den Wildapfel und die Wildbirne hin und wußte auch genau wo Hasel und Faulbaum, Schneeball und Liguster, Heckenkirsche und Kreuzdorn zu finden waren.

Aber auch im Dickicht der oft dschungelartigen Auwälder erschloß uns Vater die Pflanzenwelt: Da gab es die Anemonen, das Scharbockskraut, den Goldhahnenfuß, Meerzwiebel, Salomonzwiebel, Einbeere und Aronstab. Immer wieder entdeckten wir mit ihm neue Tupfer im unendlich weiten Blütenmuster von Wiesen und Auen: Da stand die Wasserschwertlilie, dort die sibirische Iris, hier gab es Fleischorchideen, die Sumpf- und die Schwarzwurz. Vater kannte alle Pflanzen auch mit lateinischem Namen.

Unvergeßlich sind mir auch die Weidenbäume am Altrheinufer mit ihren langen Wurzelbärten an den unteren Ästen, die insbesondere in der Dämmerung auf den Schulbub einen unheimlichen Eindruck machten, erst recht, als mir Vater die Geschichte vom Erlkönig erzählt hatte. Sie waren besonders zahlreich am ehemaligen Ufer des Berghäuser Altrheins angesiedelt, bevor dieser sich zum See verwandelte, als Anfang der dreißiger Jahre der Berghäuser Altrheinarm auf weite Flächen ausgebaggert wurde, um Aufschüttmaterial für den Damm der ersten festen Rheinbrücke bei Speyer zu gewinnen. Kindheitseindrücke, die ich nie vergessen werde. Ebenso übrigens das Dorado für uns Lausbuben, wenn wir dort an Samstagen, als die Arbeit der Baggerleute ruhte, auf den Loren der Feldeisenbahn, die den Sand und Kies vom Altrhein zum Brückendamm transportierten, die Abhänge heruntersausen ließen. Mehr als einmal schoß einer der Kippwagen über das Gleis hinaus und landete im Sand, sicher zum Ärger der Arbeiter, die ihn montags wieder mühselig auf die Schienen hieven mußten.

Außer der Flora der Altrheine und ihrer Wälder wußte Vater auch die Fauna und hier besonders die gefiederten Sänger mir zu zeigen und vorzustellen. Er kannte alle Vögel und konnte ihre Stimmen, ihren Gesang, perfekt nachahmen. Besonders angetan hatte es ihm die Nachtigall, deren köstlichen Liedern und Weisen wir in den frühen Morgenstunden lauschten.

Aus dem Dickicht war die Grasmücke zu hören mit ihren lieblich-zärtlich Tönen, oft unterbrochen vom

“Zilpzalp”, der als munterer Bursche unermüdlich seinen Namen in die Landschaft zwitscherte. Gelbgefiedert und vornehm zeigte sich der Pirol mit seinem “Düdeliadüho”, das er meist hoch oben in den Wipfeln der Bäume fröhlich pfiff. Vater meinte, der Stabstrompeter im Auwald sei der Zaunkönig, der zusammen mit dem Goldhähnchen in wohlklingenden Fanfaren seine Melodien in den jungen Morgen schmetterte. Ich erinnere mich an die Rohrdommel, den vorlauten Eichelhäher oder den Wiedehopf mit dem prächtigen Federkamm.

Im Altrhein, im Rohrwald und im Sumpf waren die Bleßhühner, die munteren Haubentaucher, Stock-, Krick-, und Tafelenten. Der Teichrohrsänger kletterte flink am Schilfrohr empor, um am schwankenden Ende dann sein “karre-karrekiek” ertönen zu lassen. Als glänzenden Imitator stellte mir Vater damals den Sumpfrohrsänger vor, der seine wunderbaren Liedfolgen vielen anderen gefiederten Sängern entlehnte. Vater meinte, er sei ein Spötter von Rang und Bedeutung. Ich allerdings konnte das nie unterscheiden. Nach dem Krieg, als junger Mann aus der Gefangenschaft zurückgekehrt, zog es mich wieder zum Altrhein. Mit Vater zusammen ging ich auf den Pfaden von einst. Vieles war anders geworden, hatte sich verändert, doch der Altrhein hatte nichts von seinem Reiz, seiner Einmaligkeit und Schönheit verloren. Besonders im Paddelboot zeigte er sich mir nun von einer ganz anderen Seite: auf dem Wasserweg konnte ich an Stellen fahren, die vom Land her nicht zu erreichen waren. Das damals noch klare Wasser zeigte die reiche Wasserflora und -fauna in ihrer unendlichen Vielfalt. Keine Frage war es auch, überall zu baden oder das klare Wasser zum Kochen im Zeltlager zu gebrauchen, was man sich jetzt wohl nicht mehr vorstellen kann.

Bis heute hat die Altrheinlandschaft für mich ihren Zauber nicht verloren. Ohne den Rhein und seine Altrheine könnte ich mir meine Heimatstadt gar nicht vorstellen.

Berghäuser Altrhein.
Wenn Gewitterwolken den Himmel verdunkeln, sich die Wasseroberfläche zu kräuseln beginnt, ist Flucht vor dem drohenden Unwetter die natürliche Reaktion. Gerade dann aber wird die Urtümlichkeit des alten Rheins am stärksten erlebbar.

Auenlandschaft bei Liedolsheim.
"... und diese Ebene war so voller Segens ... und dann der weite, schöne, blaue Himmel über mir ..."
Friedrich Hölderlin

Zwei Dichter und ein fruchtbares "Paradies"

An einem Junitag 1788 überquerte der 18jährige Friedrich Hölderlin bei Rheinhausen den Rhein, um Verwandte in Speyer zu besuchen. Rheinhausen war Übersetzstation auf der großen Postroute Venedig – Innsbruck – Brüssel. Hölderlin schrieb an seine Mutter nach Nürtingen: "... ich passierte meist dikke, schauerliche Waldungen, so daß ich außer meinem Weg kaum drei Schritte weit um mich sehen konnte. Eine unabsehbare Ebene lag vor meinen Augen ... Ich hielt lange still. Der neue unerwartete Anblick einer so ungeheueren Ebene rührte mich. Und diese Ebene war so voller Segens. Felder, deren Früchte schon halb gelb waren – Wiesen, wo das Gras, das noch nicht gemäht war, sich umneigte – so hoch, so reichlich stand es – und dann der weite, schöne, blaue Himmel über mir. Ich war so entzückt, daß ich vielleicht noch dort stände mit meinem Roß ... Von Oberhausen kam ich nach Rheinhausen. Hier mußte ich über den Rhein fahren, mußte aber ziemlich lange warten, bis die Schiffer vom jenseitigen Ufer herüberkamen, weil die Überfahrt gewöhnlich eine halbe Stunde lang dauert. Aber so gern hab' ich noch nie gewartet als damals ..."

Einige Jahre später (1807) durchwanderte wieder ein junger Student, Joseph von Eichendorff, von Heidelberg kommend die Ebene: "Ein paradiesischer Garten. Hohe Hopfenwälder, Mais, Spelz, Mohn, Wein. Untergehende Sonne, die ganze große Ebene und die fernen blauen Vogesen in einem himmlisch glühenden Duft aufgelöst."

Mais – als Kinder sprachen wir vom "Welschkorn" – kam bald nach der Entdeckung Amerikas nach Spanien, von dort über Italien und die Balkanländer nach Deutschland, wo im milden und feuchten Klima der Rheinebene günstige Ausreifebedingungen bestehen.

Tabakanbau ist seit dem 17. Jahrhundert heimisch. Zeitweise war er ein bedeutender Wirtschaftsfaktor der Region. Der Pfälzer Dichter August Becker stellt in seinem Buch "Die Pfalz und die Pfälzer", das Mitte des vorigen Jahrhunderts erschien, fest: "Merkwürdig genug – Amerika, das eine Unmasse pfälzischen Tabaks und pfälzer Cigarren consumiert und im lebhaftesten Handelsverkehr mit der Pfalz steht." Zunächst galt Tabak als Arzneimittel. In einem Kräuterbüchlein von 1656 wird die heilende Wirkung beschrieben: "Dieses Kraut reinigt Gaumen und Haupt, vertreibt die Schmerzen und Müdigkeit, stillet Zahnweh, behütet die Menschen vor Pest, verjaget die Läuse, heilet den Grind, Brand, alte Geschwüre, Schaden und Wunden."

Aber auch Spargel gehört zum landwirtschaftlichen Reichtum dieser Landschaft. Den habe der Arzt des Kurfürsten erstmalig Mitte des 16. Jahrhunderts anbauen lassen: Wahrlich ein "Leib"arzt!

In der Rheinebene, am Hochufer von Berghausen, fand man einen der ältesten Weine in Deutschland. Die mit verharztem Olivenöl verschlossene Flasche aus dem dritten Jahrhundert wird im Museum von Speyer aufbewahrt. 1711 entdeckte der Handelsmann Ruland in seinem Speyerer Garten "zween Rebstöcke von unbekanntem Namen", die er nachzüchtete: Der "Ruländer", dessen Verbreitung hier ihren Anfang nahm.

In den Auwäldern gedeihen vereinzelt noch letzte Wildreben, vor allem bei Ketsch. Aus Wildreben wurde in unbekannter Frühzeit der Kulturrebstock gezüchtet.

Krapp für Färberröte, einst lohnender Anbau in Baden und Pfalz

Mohn in der Rheinniederung – nur ein symbolischer Farbtupfer, ein "Aufhänger", um an die Speyerer Färberröte erinnern zu können.
Der reichverzweigte Wurzelstock der Krappflanze, im Mittelalter "rodekrut" (Rötekraut) genannt, war als Rohprodukt für die Färberröte zum roten Einfärben von Tuch sehr begehrt. Vermischt mit Tonerde, Zinn oder Eisen waren Nuancen von Rosa, Schwarzrot, Violett bis Braun möglich. Anbaugebiete waren vor allem Südfrankreich, Syrien, Kleinasien, Cypern, Griechenland, Holland. Auch im Elsaß wurde Krapp angebaut. In Deutschland beschränkten sich Krappkulturen auf Baden und die Pfalz, für die es ein beachtlicher Wirtschaftsfaktor war.
"Die Wurzeln wurden auf Hurden über großen Öfen gedörrt und dann mit Dreschflügeln zerkleinert. Mit einem Blasebalg reinigte man die Wurzelstöcke von Staubteilchen, um sie dann in der Mühle zu Pulver zu zerreiben. Damit war die Herstellung des schönen und dauerhaften roten Farbstoffs, der im wesentlichen Alizarin enthält, beendet.
In der Speyerer Stadtmark wurde ein reger Krappanbau betrieben. Seit 1356 erließ der Rat immer wieder Anordnungen darüber, da der Anbau zeitweise in Spekulationen ausartete. 1443 wurde die Ausfuhr von Krapp verboten, ein Zeichen für den steigenden einheimischen Bedarf. Die enge Verbindung von Farbstoffhandel und Tuchindustrie wird deutlich in der Strafbestimmung, daß im Übertretungsfall von jedem hergestellten Tuch 5 Heller Strafe zu entrichten seien.
Es handelte sich um ein hochwertiges Qualitätserzeugnis. 1432 kostete ein Zentner 4 1/2 Gulden, das sind etwa 600 DM. Großhändler kauften von den Bauern die Ernte ganzer Felder auf, um sie in den in der Stadt befindlichen Krappmühlen und Krappdarren zu verarbeiten und vor allem auf der Frankfurter Messe zu verhandeln. Die dortigen Umsätze Speyerer Kaufleute mit Krapp müssen recht beachtlich gewesen sein; 1439 ist anläßlich eines Prozesses z.B. die Rede davon, daß der Ratsherr Eucharius Albig viele Rodesäcke in Frankfurt gehabt habe. Auch nach Süden muß Speyerer Färberröte gegangen sein. Sie genoß zu jener Zeit den Ruf besonderer Qualität, für deren Erhaltung der Rat 1446 eigene Vorschriften erließ, wonach nur in Speyer gedörrte Ware das Ausfuhrsiegel erhielt, damit den Kaufleuten nur einwandfreies Kaufmannsgut angeboten werde. Speyerer Färberröte war ein Begriff, der noch im Mündungsgebiet des Rheins bekannt war. Mit der Erteilung des Ausfuhrsiegels hatte der Rat der Stadt Speyer früh einen "Markenartikel" geschaffen, der gleichbleibende Qualität und Herkunft verbürgte.
Krapp wurde in der hiesigen Gegend bis weit ins 19. Jahrhundert angebaut. Welcher Altspeyerer kennt nicht, wenigstens vom Hörensagen, die Freytagsche, später Lichtenbergersche Krappfabrik, die erst aufgab, als 1868 den Chemikern Gräbe und Liebermann aus Steinkohlenteer die Herstellung von künstlichem Alizarin gelang. Die BASF trat die Erbschaft der jahrhundertealten Speyerer Krappgewinnung an." *

* Anton Doll, "Handel und Wandel in einer alten Stadt"

In unserer kultivierten Umwelt, in der man der Natur immer noch ein paar Quadratmeter Nutzfläche abringt, wird "unkultiviert" blühender Mohn zum wohltuenden Anblick.

Philippsburg und der Rußheimer Altrhein – oder Krieg und Frieden

1615 bis 1623 hatte Fürstbischof Philipp von Sötern seine Residenz in Udenheim zur Festung umbauen lassen. In schöner Selbstbescheidenheit benannte er dann Udenheim in Philippsburg um. Einsprüche der Kurpfalz, der Stadt Speyer und anderer, störten ihn nicht im geringsten. Philippsburg wurde die Festung am Strom, auf die begierig alle Staaten Europas blickten. Besitz und Wechsel im Dreißigjährigen Krieg, in den Reunionskriegen, den spanischen, polnischen und österreichischen Erbfolgekriegen und in den Revolutionskriegen, waren Spiegelbild der Machtverhältnisse in Europa.

Vor der Rheinbegradigung, als der Rußheimer Altrhein noch ein Stück des Rheinstromes war, setzten immer wieder Truppen aller möglichen Nationen Europas dort über den Rhein. Die nahe gelegene Festung Philippsburg zog die Soldateska an wie Fliegen das Licht. Das Vorhandensein dieser Festung hat fast zweihundert Jahre hindurch unendliches Leid über die um Philippsburg gelegenen Orte gebracht. Belagerer und Besiegte, sie alle versorgten sich aus diesen Dörfern, plünderten und mißhandelten nach Belieben. 1802 wurde die Festung geschleift. Ein Aufatmen ging durch die Bevölkerung dieser Region.

Unabhängig von diesen schlimmen Kriegsereignissen gab es aber auch manche Reibereien alltäglicher Art unter den benachbarten Herrschern in diesem "Dreiländereck", denn dort grenzten die Markgrafschaft Baden-Durlach, die Kurpfalz und das Hochstift Speyer aneinander. So forderte der Speyerer Bischof den Markgraf als Angrenzer auf, sich bei einem Dammbau bei Knaudenheim zu beteiligen. Der Markgraf lehnte ab. Kurz und bündig erklärte er, der neue Damm nütze weder, noch schade er der Markgrafschaft, "sintemal das Wasser ab und nit ufwerts laufft."

Der Rußheimer Altrhein, 1826 im Zuge der Tullaschen Rheinkorrektion durch den Germersheimer Durchstich entstanden, ist eine der reizvollsten Auelandschaften, die es im badisch-pfälzischen Stromabschnitt gibt. Kaum irgendwo anders in unserer Altrheinlandschaft finden sich so viele hierzulande vom Aussterben bedrohte Tierarten wie hier, für die in den ausgedehnten, kaum zugänglichen Schilf- und Verlandungszonen und dem Silberweiden(ur)wald ideale Lebensbedingungen herrschen.

Der Rußheimer Altrhein, durch den sich die Pfinz aus dem Kraichgau ihren Weg zum Rhein sucht, umschließt die schöne Rheininsel Elisabethenwörth. Auf ihr existiert ein Gedenkstein – der "Kurfürstenbau" – der an einen Besuch von Karl Theodor im Jahr 1788 erinnert, als der Kurfürst kam, um "in höchsteigener Person Hand an das Werk zu legen". Dabei ging es um den Streit zwischen der Kurpfälzer und Speyerer Seite, welche Stromführung zweckmäßig sei, denn jede der beiden Seiten konnte im wahrsten Sinne des Wortes dem andern "das Wasser abgraben". Die Geschichtsschreibung hält in diesem Zusammenhang fest: "Ihre Churf. Dl. führten höchsteigenhändig mit einer silberen Schippe Kiessteine in die (Senk-)Wurst ... legten dann das Band darum, worauf mit goldenen Buchstaben die Devise zu lesen war: Zum Schutze meiner Stadt Germersheim Carl Theodor den 12 Juli 1788." Eine Inschrift auf dem Gedenkstein sucht man allerdings vergeblich.

Rußheimer Altrhein.

Beim Anblick dieser friedlichen Landschaft vermag man sich kaum vorzustellen, wieviel Leid die Bevölkerung fast zweihundert Jahre lang durch die nahegelegene Festung Philippsburg erdulden mußte. Truppen aller möglichen Nationen setzten bei Rußheim über den damals noch ungebändigten Strom und plünderten nach Belieben in den umliegenden Orten. Der Rußheimer Altrhein gehört heute zu den reizvollen Altwassern, mit einer artenreichen Gemeinschaft an Wasserpflanzen und Tieren, die an anderen Stellen nur noch vereinzelt anzutreffen sind.

Neuburgweier.
Deutsch-französische Grenze. Der Rhein bei Niederwasser.
Gut erkennbar die Querbauten – “Buhnen” –, eine entscheidende Maßnahme zur Schiffbarmachung des Oberrheins von Mannheim stromaufwärts durch Max Honsell.

Max Honsell: Initiator einer sicheren Rheinschiffahrt Mannheim – Straßburg

Max Honsell, 1843 in Konstanz geboren, studierte an der von Tulla gegründeten Ingenieurschule in Karlsruhe. Erst 21 Jahre alt, begann er seine Arbeit als Wasserbauingenieur beim Altriper Durchstich, die Vollendung der Korrektionsarbeiten von Tulla. Vor allem ist Honsell die Schiffbarmachung des Oberrheins von Mannheim stromaufwärts bis Straßburg zu verdanken. Bis dahin mußten sich die Oberrheinlotsen nach jedem Hochwasser den Fahrweg zwischen wandernden Kiesbänken neu suchen. Die Dampfschiffahrt scheute die riskante Oberrheinfahrt.
“Die Häfen Mannheim und der an der ‘Rheinschanze’ sich entwickelnde Hafen Ludwigshafen drohten Endpunkt der Schiffahrt zu werden. Die oberrheinischen Städte Karlsruhe, Rastatt, Kehl einerseits, Speyer und Straßburg andererseits, verlangten nach den Vorteilen einer billigen Rheinschiffahrt und entwickelten ihre eigenen Kanalbaupläne. Der Karlsruher Oberbürgermeister verfolgte entgegen den wirtschaftspolitischen Plänen der badischen Landesregierung und der Stadt Mannheim, die eine Beeinträchtigung des immer noch aufstrebenden Hafen Mannheim befürchteten, den Plan eines rechtsrheinischen Seitenkanals über Karlsruhe hinaus bis Rastatt.
Erst nachdem der von Straßburg aus betriebene und von Speyer unterstützte Plan eines Rheinseitenkanals von Straßburg bis Ludwigshafen mit vorläufigem Endpunkt Speyer auf dem internationalen Binnenschiffahrtskongreß in Frankfurt vorgetragen wurde und ernstlich verwirklicht werden sollte, konnte der Karlsruher Baudirektor und spätere badische Finanzminister Honsell mit den benachbarten Regierungen von Bayern und Elsaß-Lothringen in Verbindung treten, mit dem Ziel einer Schiffbarmachung des Oberrheins durch eine wesentlich billigere Regulierung des Korrektionsbettes ... Durch Querbauten – ‘Buhnen’ – deren Krone auf Höhe des Niederwasserstandes lag, wurde das Niederwasserbett hergestellt und die bisher wandernden Kiesbänke festgelegt. Besonders tiefe Stromstrecken – ‘Kolke’ – wurden durch Grundschwellen aufgehöht.”*

In einem Brief an den Verfasser schreibt Geiser (1983): “... Es mag für Sie nicht uninteressant sein, daß zwei kurz hintereinander ablaufende Hochwasserwellen (1882/83) ... dem damaligen Reichstag Veranlassung gab, Ursachen, Auswirkungen und Abhilfsmaßnahmen untersuchen zu lassen. Es war Honsell, der mit seinem organisatorischen Talent die Berichte aller angrenzenden Länder in einer heute noch ebenso bedeutenden wie gründlichen Abhandlung ‘Der Rhein und seine wichtigsten Nebenflüsse’ zusammenfaßte ...”
1897 legte Honsell seinen Entwurf vor. 1907 begannen die Arbeiten. Unterbrochen durch den Ersten Weltkrieg, wurde die Regulierung 1924 in Straßburg beendet. Ergänzungen folgten ab 1925 auf der Strecke zwischen Germersheim und Speyer.
Der jahrzehntelange Kampfruf “Kanal oder freier Rhein” fand dank Honsell ohne weitere Eingriffe in die Landschaft seine inzwischen längst bewährte Lösung. Max Honsell, 1906 zum badischen Finanzminister ernannt, starb 1910.

* Eberhard Geiser, ab 1951 Regierungsbaurat beim Wasserstraßenamt Speyer

Zwischen Speyer und Otterstadt, im "Angelwald".
Kähne, die im weichen, spätherbstlichen Licht des Altwassers schaukeln – belebende Elemente vor der bereits kahl gewordenen Kulisse des Auwaldes.

Vom Schiffbau am Oberrhein und Angelkähnen im Altrhein

In Sondernheim und im Altrhein am Angelhof, stromabwärts von Speyer, wurden zwei Einbäume gefunden, aus merowingisch fränkischer Zeit stammend, die im Historischen Museum der Pfalz in Speyer ausgestellt sind. Das Alter des einen Einbaumes konnte durch eine Jahrring – Chronologische Untersuchung ("Dendro-Chronologie") zeitlich sehr genau eingeordnet werden, in die Jahre um 599 n.Chr.

Holz beherrschte bis zum Anfang des 19. Jahrhunderts den gesamten Schiffbau, wurde dann aber schnell und unaufhaltsam durch Eisen verdrängt. Leichtere Form gebung, gute Verbindung der Bauteile, größere Festigkeit und eine längere Lebensdauer waren die Gründe dafür.

Solange Holz im Schiffbau den Vorrang hatte, war bei der Standortwahl der Schiffbauer mitentscheidend, wo es große Waldbestände gab, das Baumaterial Holz also billig war. Der waldreiche Oberrhein bot somit günstige Standortbedingungen für Werften.

Der Bau der Schiffe ging meist in kleinen, handwerksmäßig betriebenen Zimmermannswerften vor sich, die schon früh durch das Zunftwesen erheblich beeinflußt waren. Die Zünfte, die der damaligen Zeit ihr besonderes Gepräge gegeben haben, trafen bis ins kleinste Detail gehende Anordnungen, die häufig den Schutz vor unerwünschter Konkurrenz erkennen lassen. Eine Beschränkung der Lehrlings- und Gesellenzahl wurde ebenso festgelegt, wie die jeweilige Höhe des Lohnes. Nicht selten auch widersetzte sich die Zunft der Ansiedlung neuer Werften, ja sogar der Erweiterung bereits bestehender Betriebe.

Aber auch die Obrigkeit nahm erheblichen Einfluß auf die Werften. Von Straßburg wissen wir, daß es bereits 1446 eine Ordnung für Schiffbauer gab. 1619 traf der Rat sogar noch eine Anordnung, wie groß die Schiffe und ihre Ladekapazität zu sein hatten. Wer ein Schiff mit abweichenden Maßen bauen wollte, mußte sich mit einer ausführlichen Begründung um ein "Supplic" bemühen (wohl von "Supplique" = Bittschrift abgeleitet).

Am besten entwickelten sich Werften dort, wo weder Zunftwesen noch obrigkeitsmäßige Regelungen auf die Betriebe einwirkten.

Vor diesem Hintergrund ist nicht verwunderlich, wenn Mannheimer Schiffer beim Kurfürsten von der Pfalz um die Erlaubnis zur Errichtung einer "Schiffbauerey zu Mannheim" nachsuchten – wozu dann niederländische Schiffbauer eingesetzt wurden. Die Baukosten für ein großes Rheinschiff betrugen Mitte des 19. Jahrhunderts 15.000-20.000, mit zusätzlicher Ausrüstung sogar 30.000 Gulden.*

Im Altrhein, der bis zur Rheinkorrektion der Weg für die Flußschiffahrt war, schaukeln heute nur noch gemächlich die Angelkähne – mitunter noch Holzveteranen, von Wind und Wetter gegerbt. Auch zu ihnen gesellten sich zunehmend Boote aus Eisen. An manchen Uferstellen liegen die Angelkähne geradezu flottillenweise, abenteuerliche Konstruktionen mitunter. Den Bestimmungen des Magistrats von Straßburg aus dem Jahr 1671 würden sie wohl nicht immer entsprechen, wonach "ohne Vorwissens und Consens" keine Schiffe gebaut werden dürfen.

* Quelle Günter Stein, "Stadt am Strom"

Die Rheinschiffahrt im Zeitraffer – von den Römern bis heute

Römische Kriegs- und Lastschiffe waren die ersten Schiffe größerer Bauart auf dem Rhein. Sie konnten bis zu 200 Tonnen Last befördern, waren bis 30 Meter lang, bei einem Tiefgang von 70 bis 80 Zentimetern.

Nach Abzug der Römer verfielen die großen Hafenanlagen und Schiffsländen. Für Kriegsschiffsanlagen bestand kein Bedarf mehr. Nur noch kleinere, kastenförmige Flußkähne fanden Verwendung, mit flachen Böden, ohne Kiel, die durch Auflaufen an flachen Uferstellen landeten. Bei der Talfahrt wurden sie nur von wenigen Rudern bewegt, gesteuert durch ein über das Heck gelegtes Stangenruder, zusätzlich noch durch ein breites Bugsteuer, den "Lappen".

Seit dem 12. Jahrhundert befuhr die "Mainzer Lade" – auch "Oberländer" oder "Lauertanne" genannt – den Rhein. Bis zu drei Tonnen Last konnte dieser Schiffstyp befördern. Am Bestimmungsort wurde nach Löschen der Ladung das Schiff oft zerstört und als Nutzholz verkauft, denn der Rücktransport wäre kostspieliger gewesen als der Herstellungswert. Bis ins 19. Jahrhundert befuhr die "Mainzer Lade" den Strom, vergrößert und in der Ruderführung verbessert.

Das Frachtschiff der Fernhändler war der "Holk", entwickelt aus einem ausgehöhlten Baumstamm mit aufgesetzten Planken. Dem Aussehen nach glich der Holk einer halben Nußschale, ausgerüstet mit einem Rah-Segel, gesteuert durch ein Seitenruder oder zwei Ruder am Heck; etwa 18 Meter lang, 70 Zentimeter Tiefgang, 8 Tonnen Nutzlast. Auch dieses Schiff, mit flacher Unterseite, ohne Kiel, landete durch Auflaufen. Stromaufwärts fuhr der Holk bis Basel, war zudem seefest, also auch für die Küstenschiffahrt verwendbar. (Quelle: Historisches Museum der Pfalz in Speyer, Auszüge aus einem Ausstellungsblatt)

In der ersten Hälfte des 19. Jahrhunderts leitete das Dampfschiff die Umstellung der Rheinschiffahrt ein. Dennoch spielte auch das Segelschiff noch bis über die Mitte des vergangenen Jahrhunderts hinaus eine wichtige Rolle.

Die heutige Bedeutung der Rheinschiffahrt geht aus folgenden Zahlen hervor (bezogen auf das Jahr 1994, einschließlich der "neuen Länder"): Die Transportmenge auf allen Binnenwasserstraßen in der Bundesrepublik Deutschland betrug 233 Millionen Tonnen, davon auf dem Rhein alleine ca. 80 Prozent = 186 Tonnen! In Rheinland-Pfalz – auf 290 Kilometer vom Rheinlauf berührt – werden in den Häfen ca. 30 Millionen Tonnen Ladegut umgeschlagen. Obwohl diese Zahl gegenüber zurückliegenden Jahren leicht rückläufig ist, ist das deutlich mehr, als auf den Schienen der Bundesbahn in Rheinland-Pfalz transportiert wird. Daran erkennt man die Bedeutung der Rheinschiffahrt als Verkehrsfaktor. 11.945 Schiffe sind bei der internationalen Rheinschiffahrtsbehörde registriert. Zuviele, wie Experten meinen. Eine Abwrackaktion für 120 Millionen Mark soll den Bestand 1997 um fünf Prozent reduzieren. Warum? Die Kapazitäten auf den Flüssen sind im Gegensatz zur Straße keineswegs ausgeschöpft. 55 Millionen Tonnen könnten von überlasteten Straßen und subventioniertem Güterschienenverkehr auf den Wasserweg verlagert werden: den "Partikulierern", den privaten, kleinen Schiffseignern, stünde dann das Wasser nicht bis zum Hals.

Speyer, "Salmengrund".

Hafenanlagen, Weinbau und das Stapelrecht ...

Auf Hafenanlagen der Römer in der heutigen Altrheinlandschaft deuten einige Umstände hin: Im früheren Ortsnamen Pfortz (heute Maxau) könnte der antike Name "portus" (Hafen) vermutet werden. In Rheinzabern lassen Funde, nahe eines abgeflachten Uferrandes, östlich vom Hochgestade, auf eine römische Hafenanlage schließen. Der römische Schriftsteller Symmachus erwähnt schon im 4. Jahrhundert einen Hafen in "regio Nemetensis" – also in oder bei Speyer – wohl ein Kriegshafen mit einer Abteilung der "classis germanica" (auf dem Rhein stationierte römische Flotte). Vermutlich lag dieser Hafen im Trichter der Speyerbachmündung; gleichzeitig dürfte dort auch ein Handelshafen gewesen sein. Das Kastell Altrip (alta ripa = hohes Ufer) muß einen Hafen besessen haben, da gegenüber, in Neckarau, eine Schiffslände entdeckt wurde, die von Kaiser Valentinian I. zusammen mit dem Kastell Altrip 368 erbaut wurde.

"Speyer war als Stadt am Strom schon früh ein bedeutender Weinhandelsplatz, der größte am Oberrhein; das Gebiet um Speyer selbst ein beachtliches Weinbaugebiet. Schon 946 kamen Kaufleute von weit her, um hier Wein zu kaufen, und auch die Speyerer Juden handelten mit Wein. Der 'Rheinwein' ging von Speyer in die Niederlande, in die Ostseestaaten bis nach Rußland, nach Norwegen und nach England. 1562 verkaufte der Speyerer Weinhändler Jerg Lang 32 Faß Wein aus Speyer an Kaiser Maximilian II. Bürger wie Geistlichkeit hatten riesige Weinvorräte eingelagert in ihren tiefen Gewölben, der Bischof allein beim Stadtbrand 1689 sage und schreibe 625 Fuder; im großen Keller der Bischofspfalz lagen achtundvierzig Riesenfässer." *

Von Speyer aus wurden nicht nur die Weine der Haardt und des Kraichgaues verfrachtet, sondern auch Wein aus Speyerer Gemarkung und den umliegenden Dörfern. Vor allem der "Gänsfüßer", der hier angebaut wurde, galt als guter Tropfen. In den zahlreichen Kriegen im 16. und 17. Jahrhundert, insbesondere im Dreißigjährigen Krieg, ging der Speyerer Weinbau stark zurück. Trotzdem war Speyer aber noch im Jahre 1689 (als die Stadt während des Pfälzischen Erbfolgekrieges von französischen Truppen eingeäschert wurde) ein bedeutender Weinort. Der französische Kriegsberichterstatter Du Mont schrieb damals: "Sie vermögen sich keine Vorstellung davon zu machen, welche Menge Wein in Speyer eingelagert war. Man könnte damit eine Stadt wie Paris auf länger als einen Monat versorgen, und zwar mit dem besten, der überhaupt getrunken werden kann, durchwegs vier und fünf Jahre alt." **

* Fritz Klotz, "Speyer, Kleine Stadtgeschichte"
** Anton Doll, "Bild einer Stadt"

"... welches dann ein großes Privilegium ist"

Im Mittelalter war das Stapelrecht für die wirtschaftliche Lage einer Stadt von großer Bedeutung. "Daher Speyer eine Staffel- oder Stapelstadt ist / da alle Schiffe mit Stapelgütern anzukehren und auszuladen schuldig seyn. Welches dann ein großes Privilegium ist." *

Alle an einer Stapelstadt bergwärts oder talwärts fahrenden Schiffe mit stapelfähigen Gütern waren dem Stapelrecht der Stadt unterworfen. Außer Speyer besaßen nur noch die Städte Köln, Mainz und Straßburg Stapelrecht. Das Ausmaß des Stapelrechtzwangs war häufig umstritten. Im 16./17. Jahrhundert führte diese Unklarheit zu jahrzehntelangen Auseinandersetzungen zwischen Straßburg und Speyer.

Welche Bedeutung den jeweiligen Stapelstädten zukam, könnte aus der Anzahl der vorhandenen Verladekräne geschlossen werden. Köln hatte im 16. Jahrhundert sieben Kräne – in Speyer reichte einer aus, bis dann 1725 zum Verladen von Wein ein zweiter Kran gebaut werden mußte. Der Rheinkran von Andernach, 1554/57 von einem Hans von Speyer miterrichtet, zeigt, wie solche Kräne aussahen. 1781 beschrieb der Karlsruher Professor Sander, anläßlich einer "Lustreise" die Funktion des Speyerer Kranes: "Es steht dort am Rhein ein Kran zum Ausladen der Schiffe, den ein Bausachverständiger aus der Reichsstadt angegeben und gebaut hat. Die Maschine ist sehr simpel und hebt doch 80 bis 90 Centner. Man trifft ihn alsdann mit zweyen Rädern; wenn er nicht angeschlossen ist, kann man ihn mit der Hand drehen." **

Professor Sander berichtet auch, wie die Bedeutung von Speyer als Stapelstadt nach dem großen Brand abgenommen hatte: "Übrigens ist Speyer eine Stapelstadt. Die Straßburger, Mannheimer und Maynzer Schiffe heißen Rangschiffe, und diese sollten eigentlich alle hier ausladen, und drey Tage hier feil halten, wenn sie nämlich Fastenspeisen und Fettwaren führen. Weil man es aber hier nicht so nötig hat, so bleiben die Güter im Schiffe und werden nicht ausgeladen. Aber die Schiffer müssen dem ohngeachtet alles, was befohlen ist, an die Stadt zahlen. Doch ist dieses Einkommen nicht mehr so beträchtlich." **

Das Stapelrecht, das bereits zu Beginn des 18. Jahrhunderts auf bergwärts fahrende Schiffe beschränkt wurde, war zu einem reinen Gebührenrecht herabgesunken. Oft aber fuhren Schiffe auch an der Stapelstadt vorbei, ohne eine Abgabe zu entrichten. Der Rat der Stadt mußte sich mit schriftlichen Protesten begnügen, die aber offenbar niemanden beeindruckten und an der mißlichen finanziellen Situation der Stadt nichts änderten.

Außerdem: "Infolge einer Konvention zwischen Kurpfalz und Kurmainz im Jahre 1751 kam die Speyerer Schiffahrt fast völlig zum Erliegen. Speyerer Schiffe sollten nur noch Waren, die aus Speyer selbst stammten, verfrachten dürfen. Um die Mitte des Jahrhunderts gab es daher in Speyer nur noch sechs Schiffer. 1768 sogar nur noch einen." **

* Matthäus Merian, "Topographie Palatinatus Rhenie"
** Fritz Klotz, "Speyer, Kleine Stadtgeschichte"

Freie Rheinschiffahrt, Wegfall der Zölle

Die Grundlage für eine ungehinderte Schiffahrt auf dem gesamten schiffbaren Rhein wurde auf dem Wiener Kongreß geschaffen. Langwierige Verhandlungen führten 1815 zur Gründung der Zentralkommission für die Rheinschiffahrt mit dem Ziel, einheitliche Regelungen für eine freie und unbeschränkte Schiffahrt auf dem Rhein herzustellen.
Nach über 15jähriger, fast permanenter Tagung einigten sich 1831 die damaligen sieben Uferstaaten Baden, Bayern, Frankreich, Hessen, Nassau, Niederlande und Preußen auf die Mainzer Schiffahrtsakte. Eine Revision führte schließlich 1868 zur sogenannten "Mannheimer Akte". Mannheim wurde 1860 Sitz der Kommission. Diese Akte gilt im wesentlichen auch heute noch. Mit dieser Schiffahrtsakte war ein Vorbild für eine funktionierende, internationale Zusammenarbeit geschaffen. Heute gehören der Zentralkommission Belgien, Deutschland, Frankreich, Großbritannien, Niederlande und die Schweiz an.
Zölle – früher begehrte Einnahmequellen entlang des Stroms – wurden schon vor Gründung der Zentralkommission im Zusammenhang mit der Französischen Revolution 1789 und den Beschlüssen auf dem Rastatter Kongreß abgeschafft. Der Spottvers war Vergangenheit geworden:

"Der König und der Bischof teilen
und Burg und Stadt und Stift und Dom.
Mehr Zölle sind am Rhein als Meilen
und Pfaff und Ritter sperrt den Strom".

Bereits 946 wird die Stadt Speyer als Zollstätte erwähnt, an Speyer vergeben von Konrad dem Roten, dem Urgroßvater des Dombegründers Konrad II.
1590 bis 1599 gab es alleine von der heutigen deutsch-französischen Grenze bis Germersheim fünf Stellen, an denen Rheinzoll erhoben wurde: Neuburg, Wörth, Hördt, Sondernheim, Germersheim. Im 14. Jahrhundert soll es entlang des Rheins 62 Zollstätten gegeben haben.
"In unserem näheren Bereich lagen am Rhein die pfalzgräflich-kurpfälzischen Zollburgen (Wasserburgen) Rheinhausen und Eichelsheim bei Mannheim, die erstere 1247 als Zollstätte der Pfalzgrafen erwähnt, die letztere 1275 von den Pfalzgrafen errichtet; beide Burgen wurden noch 1606 in die altniederländische Befestigung Mannheim miteinbezogen, im 17. Jahrhundert zerstört und sind jetzt völlig verschwunden.
Graf Simon von Zweibrücken (als Erbe der Grafen von Eberstein) errichtete um 1261 eine Zollstätte mit Rheinfähre bei Udenheim (dem späteren Philippsburg), die der Überfahrt bei Rheinhausen Konkurrenz machte. 1270 legte der Rheinische Landfriedensbund unter Führung des Bischofs von Speyer die Zollstätte nieder". (Historisches Museum der Pfalz in Speyer, Ausstellungsbeiblatt)
Schon eine etwas ironisch klingende Bezeichnung "Landfriedensbund" für eine Institution, die eine unliebsame Konkurrenz "kurz und klein schlägt", um dann den "Geschäftsbetrieb" weiter zu betreiben: Denn ab 1371 unterhielten die Bischöfe von Speyer dort selbst eine Zollstätte.

Rheinhausen.
Früher wichtige Übersetzstation am Rhein, dem Strom, auf dem die größte Tonnagemenge aller Binnenwasserstraßen in Deutschland befördert wird.

Speyer, Schiffswerft Braun.
1929 wurde der letzte "Personen-Seitenraddampfer", die "Mainz" – das heutige Museumsschiff "Mannheim" –, von der Köln-Düsseldorfer Schiffahrts AG gebaut. Imponierend einige Zahlenangaben: 400 Tonnen schwer, 83,60 Meter lang, 16,20 Meter breit, konnte die "Mainz" bis zu 2.000 Passagiere befördern – das größte Passagierschiff der Rheinflotte. Ursprünglich mit Kohle, dann mit Ölfeuerung ausgestattet, erzeugte die Dampfmaschine 900 PS, die dem "Schnelldampfer" eine Geschwindigkeit von 22 km/h verlieh. Bis 1983 verkehrte der Dampfer zwischen Köln und Mainz, gelangte dann als Geschenk der Schiffahrtsgesellschaft in den Besitz der "Gesellschaft zur Förderung des Deutschen Rheinschiffahrtsmuseum in Mannheim" – mit der Auflage, daraus ein schwimmendes Museum zu machen. Mit unendlichem Idealismus und persönlichem Einsatz der Mitglieder der Fördergesellschaft, Spenden und Zuschüssen wurde das Ziel erreicht. Erstmals wurde die "Mainz" 1985 auf der Schiffswerft Braun generalüberholt, 1997 wurde der "Ex-Mainz" eine zweite Außenhaut verpaßt, weil durch Elektrolyse die "Schiffshaut" unter der Wasserlinie zu dünn geworden war. Inzwischen hat das "Museum" wieder am Mannheimer Neckarufer, unterhalb der Kurpfalzbrücke, seinen Ankerplatz eingenommen.

Die Dampfschiffahrt – ein Fortschritt, der die Schiffahrt völlig veränderte

Die Idee, ein Dampfschiff zu bauen, wurde schon im 17. Jahrhundert geboren: Der französische Physiker Denis Papin erfand einen Dampfkochtopf mit Sicherheitsventil. Den Gedanken, den "Drucktopf" als Antriebskraft für ein Schiff zu nutzen, setzte er in die Tat um. 1707 soll er seine ersten Versuche auf der Fulda (Papin lehrte in Marburg) unternommen haben, mit einem Schiff, dessen Schaufelräder mit Dampfkraft angetrieben wurden. Aus Wut haben Flußschiffer das "Dampfboot" zerstört. 1736 wurde dem Engländer Hull das erste Patent ausgestellt für ein Dampfschiff mit hölzernen Schaufelrädern. Fast ein Jahrhundert verging, bis von Robert Futons 1807 in New York das erste brauchbare Flußdampfschiff gebaut wurde – ein Fortschritt, der die Schiffahrt völlig veränderte.

1816 befuhr erstmals ein hölzernes Dampfschiff, der "Prinz von Oranien", den Rhein von Rotterdam bis Köln, das es glücklich nach fünf Tagen erreichte. Den Schotten William Wager, Kapitän und Unternehmer in einer Person, beflügelte dieser Erfolg. Er plante, eine regelmäßige Dampfschiffahrt zwischen Köln und Frankfurt einzuführen. Das Projekt scheiterte am Kohlenmangel! Es gab damals nur ein einziges Kohlenlager am Rhein: im Ruhrgebiet. 1817 schaffte es der Engländer James Watt mit der "Caledonia" bis über Koblenz hinaus. Die ersten Dampfschiffe waren noch mit Segeln versehen und boten wegen der mitgeführten Kohlenmengen nur wenig Nutzlastraum.

1825 nahm die "Dampfschiffahrts-Gesellschaft" ihren regelmäßigen Schiffsverkehr auf dem Rhein auf, die von Mannheimer Kreisen, unter Mitwirkung des Frankfurter Bankiers von Bethmann, gegründet wurde. Ungünstige Wasserverhältnisse für die Großschiffahrt auf dem noch unregulierten Strom und billigere Landfrachten verhinderten den erhofften Erfolg des Unternehmens.

Am 19. September 1825 passierte das erste Dampfschiff Speyer. Ein gewaltiges Ereignis, festgehalten in vielfältigen Darstellungen von Stahlstichen, Zeichnungen bis hin zu "Edelnippes". Dichter der Biedermeierzeit, wie Nikolaus Lenau, besangen überschwenglich die technische Neuerung des Dampfschiffes:

"Wir flogen vorüber am Strande,
Der Dampf durchbrauste den Schlot,
Wie ein zorniger Neger die Bande
Wildschnaubend zu sprengen droht."

1842 setzte der Schleppdienst mit Schaufelraddampfern ein, die sechs bis acht Schleppkähne stromaufwärts bis Straßburg zogen. Die zunehmende Dampfschiffahrt brachte für die alten Flußschiffer ernste wirtschaftliche Probleme, ja sogar die Treidler kämpften um ihre armselige Existenz. Es kam zu Ausschreitungen und Gewalttätigkeiten. Schleppdampfer wurden beschossen, zeitweise mußte sogar Militär zum Schutze der Dampfschiffer eingesetzt werden. Der technische Fortschritt war jedoch nicht aufzuhalten, zumal die Frachtkosten um fast die Hälfte gesunken waren.

1935 begann der Dieselmotor den Dampfkessel zu vertreiben. Ein mit Dieselmotor getriebenes Schiff brauchte nur noch sechs Mann Besatzung, ein kesselbetriebener Raddampfer dagegen zwölf bis vierzehn.

1953 bis 1958 verschwanden die letzten Raddampfer vom Rhein.

Leinpfade und wie sich die Treidelknechte schinden mußten

Leinpfade entlang des Stromes erinnern daran, daß früher, etwa seit dem 8. Jahrhundert, die Schiffe flußaufwärts getreidelt werden mußten. Eine lange Leine (daher der Name "Leinpfad") war oben am Mast im Vorschiff befestigt, ein kurzes Seil lief von der Schleppleine zum Bug, um das Schiff in Schlepprichtung zu halten. Die Treidler zogen vom Ufer aus an der Schleppleine, zusätzlich wurde mit langen Stangen "gestakt". Treidelpfade und Treideldienst waren überörtlich organisiert. Einträge in Karten geben Hinweise auf die hoheitlichen Zuständigkeiten. Bei Rußheim heißt es, "Leinpfad markgräfisch", in der Gemarkung Knaudenheim (dem heutigen Huttenheim) "Speyerischer Leinpfad". Bei diesen auf kurzen Strecken des Stromverlaufs wechselnden Hoheitsrechten und den sich daraus ergebenden Pflichten ist es nicht verwunderlich, wenn es oft zu Klagen über die mangelhafte Unterhaltung der unentbehrlichen Leinpfade kam. In einem Protokoll Anfang des 17. Jahrhunderts heißt es, daß zwischen Knaudenheim und Udenheim (dem heutigen Philippsburg) der Leinpfad "sehr übel gehandhabt, dessen sich die Schiffsleut beklagen, deswegen durch die Zolldiener zu Germersheim bei den Zöllnern zu Udenheim Erinnerung geschehen, aber nichts darauf erfolget." Oft bestanden die Leinpfade nur aus schmalen Knüppeldämmen, und dort, wo der Strom seinen Lauf häufig änderte, gab es weder Damm noch Pfad. Hier mußten die Treidler durchs Wasser waten.

Wenn wir heute auf gut ausgebauten Uferwegen das Schild "Leinpfad" lesen, denkt kaum einer an die menschlichen Schicksale, die Treidler auf den ehemaligen Leinpfaden zu erdulden hatten. Eine 1825 erschienene Denkschrift, die die Einführung der Dampfschiffahrt wirtschaftlich begründen sollte, vermittelt ein Bild von der Härte der Treidler-Arbeit:

"Von Mainz bis Schreck" (dem heutigen Leopoldshafen) "wird die Fahrt wie gewöhnlich mit vorgespannten Halfterpferden zurückgelegt. In Schreck muß aber die Ladung, die hier zu 2000 Zentner, gleich 100 Tonnen, angeschlagen wird, auf wenigstens zwei Schiffe verteilt werden, und zweiundfünfzig Mann übernehmen dann die Stelle der Pferde. Nachts um zwei ist die Mannschaft an die Schiffe gespannt, und nun beginnt ein sehr mühsamer Zug, der oft seine Bahn durchs Wasser nehmen muß, das den Ziehenden bis an den Gürtel reicht. Dieser Zug dauert von der eben bezeichneten Stunde bis in die dunkle Nacht fort und wird im Tag nur durch vier reichliche Mahlzeiten unterbrochen. Nach acht günstigen Tagen und bei widrigem Wind nach vierzehn Tagen, wird endlich die Nähe von Straßburg erreicht. Zwei Stück, oder 2000 Flaschen Wein, anderthalb Ochsen, sechs- bis siebenhundert Brote, ein großes Quantum Gemüse etc. sind nun verzehrt und jeder der Halfleute erhält siebzehn Franken Lohn. Es muß bemerkt werden, daß das Verunglücken der Zugmannschaft nicht zu den ungewöhnlichen Ereignissen gehört". (With, 1825 "Über die Dampfschiffahrt")

Die Arbeit der Treidelknechte war nicht nur riskant, sondern auch eine schreckliche Schinderei. Je nach Zustand und Strömung des Rheins mußten vier bis sieben Mann ein Pferd ersetzen. Die ständige Not, in der viele Menschen lebten, zwang sie, diese Arbeit zu verrichten – für ein paar Tage Essen und "ein paar Groschen".

Otterstadt, “Böllenwörth”.
Bei diesem idyllischen Bild der Angler auf intaktem “Leinpfad” denkt wohl kaum einer an die harten menschlichen Schicksale der Treidler bei ihrer schweren Arbeit, auf “Pfaden”, die diese Bezeichnung oft nicht verdienten.

Die Mannheimer "Schiffahrts-Akte" und die "Schiffigen" aus Neuburg

Zölle, Stapelrechte, Monopolbestrebungen der Schiffer und manches mehr, verursachten bis zum Beginn des 19. Jahrhunderts Belästigungen, Kosten und Verzögerungen für den Schiffsverkehr. Der erste Schritt zur Befreiung von diesen Behinderungen erfolgte zwischen Frankreich und Deutschland 1805 in der "Konvention über das Rheinschiffahrts-Oktroi". Nach Napoleons Sturz befaßte sich der Wiener Kongreß eingehend mit Regelungen für die Flußschiffahrt. 1831 schlossen die Rheinuferstaaten eine "Rheinschiffahrts-Konvention", aus der schließlich 1868 die "Revidierte Rheinschiffahrts-Akte" entstand. Da der Sitz der "Central-Kommission für die Rheinschiffahrt" Mannheim war, erhielt sie die Bezeichnung "Mannheimer Schiffahrts-Akte".

Die Zentralkommission, seit 1918 in Straßburg, hat sowohl verwaltungsmäßige, als auch rechtsprechende Funktion. Seit Inkrafttreten der "MSA" gibt es vier Verwaltungsbezirke für den Rhein, sogenannte "Schiffahrts-Inspektoren". Eine dieser Stellen, die für den Abschnitt von Straßburg bis zur Nahemündung zuständig war, hatte ihren Verwaltungssitz in Speyer, wurde aber 1965 nach Mannheim verlegt. Ihnen obliegt die Überwachung der Beschaffenheit des Strombettes, Maßregeln zur Verbesserung, die Untersuchung von Schiffahrtshindernissen und deren Beseitigung.

Die Zentralkommission regelt aber auch die erforderliche Lehrzeit im Schiffergewerbe, Patente über die Befugnis zum Führen von Schiffen und Lotsenzulassung. Eine besondere Tradition als Lotsenstation im pfälzisch-badischen Stromabschnitt hat Neuburg, dort, wo nahe der französischen Grenze die Lauter in den Rhein mündet. Immer schon gab es "Schiffige", die einen Stromabschnitt besonders gut kannten, Steuermann-Spezialisten: Die Lotsen. Über zweihundert Bewohner dieses Schifferdorfes, das nachweislich seit 1450 Lotsenstation ist, befuhren noch 1950 als Kapitäne, Steuerleute, Lotsen, Schiffsmänner oder Schiffsjungen den Rhein. Mit vierzehn Jahren beginnt die Lehrzeit an Bord als "Schmelzer", drei Jahre danach wird man Matrose, und wenn man sechs Jahre "Fahrt gemacht hat", gibt's das Rheinschifferpatent.

Nahe der "Lautermuschel", die als Gastschiff in der Lautermündung zum Rhein liegt, hatten die Neuburger ihre Lotsenstation. Ein lang anhaltendes Sirenenzeichen des vorbeifahrenden Schiffes kündigte den gewünschten Lotseneinsatz an. Der Lotse wird "gefleit", wie es in der Schiffersprache heißt, dann geht's eilig in die "Schlupp", die Schaluppe, mit der der Lotse an Bord des signalgebenden Schiffes gebracht wird.

Die enorme Technisierung, von der Schubschiffahrt mit weit über zweitausend Tonnen Tragfähigkeit bis hin zur Radarausrüstung, die Tag- und Nachtfahrten auch bei Nebel gestattet, ließ den Lotsenbedarf noch einmal kräftig ansteigen. Doch der Staustufenbau zwischen Basel und Iffezheim machte den Lotseneinsatz auf diesem Stromabschnitt entbehrlich, die Strecke von Neuburg bis Iffezheim ist zu kurz, so daß die Lotsenstation in Neuburg aufgegeben wurde. Im pfälzisch-badischen Stromabschnitt gibt es nur noch eine Lotsenstation, in Mannheim, die 1998 mit zehn bis zwölf Männern völlig auskommt. – Der Rheinlotse geht von Bord.

Neuburg.
Neuburg ist nachweislich seit 1450 Lotsenstation, ein Dorf mit großer Schiffertradition. In der "Lautermuschel", die nahe beim Rhein in der Lautermündung liegt, warteten früher die Lotsen auf ihren Einsatz. Der Bedarf an Lotsen ging erheblich zurück: Neuburg hat heute keine Lotsenstation mehr – die "Lautermuschel" wurde zur schwimmenden Gaststätte.

v.l.n.r.: Sumpfschwertlilie, Beinwell mit Löwenzahn, Sumpfgreiskraut, Sibirische Iris, Blutweiderich, Purpurknabenkraut, Wiesenschaumkraut, Wolliger Schneeball.

Flora der Rheinauen

von Hans Ludwig Schmidt

Die Auenlandschaft am mittleren Oberrhein trägt heute nicht mehr das gleiche Pflanzenkleid wie vor der Strombegradigung. Der botanisch interessierte Besucher trifft heute nur noch an wenigen Abschnitten der Rheinauen auf naturnah gebliebene Standorte, an denen er die Eigenart der Flora dieses vom Strom geprägten Landstreifens kennenlernen kann. Unmittelbar am Rhein zieht sich aber noch immer auf tiefgelegenem und darum häufig überschwemmtem Boden im Bereich der alten Uferzonen die mit Silberweiden und Pappelbeständen bestockte Weichholzaue hin. Meist handelt es sich nur um eine schmale Waldkulisse entlang der Wasserläufe, doch ist sie erfüllt von üppigem Pflanzenwuchs. Alte Kopfweiden, dichtes Strauchwerk, Schilfinseln, Brennesselfluren und Fallholz bilden örtlich fast undurchdringliche Dickichte. Nährstoffreiche Schlickablagerungen und der stets feuchte Auenboden führen im Sommer zu Treibhauseffekten, die beachtliche Wuchsleistungen ermöglichen. Hier findet man neben dem Röhricht z.B. Wiesenschaumkraut, Sumpfschwertlilie, Sumpflabkraut, Wasserminze und örtlich noch das seltene Sumpfgreiskraut. Es sind überschwemmungsunempfindliche Arten, die da zuhause sind, oder aber Pflanzen, die hochwasserfreie Zeiten zu ihrer Entwicklung ausnutzen können.

An die Weichholzaue schließt sich auf höher liegendem Terrain der artenreichere Hartholzauwald an, der weit mehr als das Sumpfland forstlich genutzt wird. Dazu ist er artenreicher und großräumiger als der Weichholzwald. Auffällig an ihm ist die ausgeprägte vertikale Schichtung der Vegetation: Über einer vielseitigen Krautschicht erhebt sich eine aus Hasel, Geißblatt, Rotem Hartriegel, Weißdorn und Schlehe, Wolligem Schneeball und Pfaffenhütchen zusammengesetzte Strauchschicht. Darüber wölbt sich zuletzt das Laubdach der Baumkronen, das Eichen, Eschen, Hainbuchen, Bergahorn und weitere Arten bilden. Zusammen mit der im Frühling bunt blühenden Bodenflora ergibt sich ein abwechslungsreiches und reizvolles Waldbild.

Eingebettet in den Auwald liegen die Altrheinarme mit ihren in Verlandung begriffenen Schluten und Lachen, Überreste des früher frei mäandernden Stromes. Wo diese unberührt geblieben sind, haben sich Pflanzengesellschaften mit selten gewordenen Sumpf- und Wasserpflanzen erhalten. Diese amphibische Zone trifft man nur an wenigen Altwassern noch an, doch wird vor allem hier der Reiz ursprünglicher Auenvegetation erlebbar. In diesen waldumrahmten, geschützten, leicht erwärmbaren Stillgewässern finden sich noch Arten wie Seekanne, Wassernuß, Schwimm- und Algenfarn, und im Uferbereich blühen am Röhrichtsaum u.a. Sumpfkresse, Pfeilkraut und Schwanenblume. Rar geworden in der Aue sind außerdem die Naß- und Streuwiesen, letzte Zeugen der einst bäuerlichen Nutzung in der Flußniederung. Sie waren – und sind noch – Standort für die Sibirische Schwertlilie, den Kantenlauch und manch andere Stromtalart.

Einschneidende Eingriffe in die Landschaft der Rheinauen haben von einem ehemals reichgegliederten natürlichen Ökosystem nur noch Reste zurückgelassen. Diese letzten intakten Lebensräume aber sind ein Naturerbe, das wir für die Zukunft bewahren und schützen müssen.

Die große Mummel – auch als gelbe Teichrose bezeichnet – blüht ab Mai/Juni. In manchen Altwassern ist sie noch anzutreffen, wie hier im Eggensteiner Altrhein. Die dort noch reiche Unterwasserflora dagegen trifft man sonst seltener an.

Im April/Mai sind die Auwälder in würzigen Bärlauchgeruch getaucht. Die Waldböden sind übersät von den schön geformten Blüten des "Knofel" oder auch "Knofelspinat", wie er im Volksmund heißt. Schmackhafte Soßen lassen sich aus dieser Waldpflanze zubereiten.

Otterstadter Altrhein.
1833 wurden die Arbeiten des Rheindurchstiches bei Otterstadt begonnen, 1845 vollendet, der Rheinverlauf auf 2.850 Meter verkürzt. Die frühere Krümmung des Stromes betrug 5.400 Meter. Heute ist dieser Altrheinarm ein für Segler begehrtes Areal, mit einer großen Anzahl von Liegeplätzen.

Leimersheimer Altrhein.
An manchen Stellen wird den Altrheinarmen "fließendes Wasser" des Stromes zugeleitet, durch Rohre, die unter den Leinpfaden durchgeführt sind, zur Sauerstoffanreicherung der stehenden Gewässer. Die dort entstehenden Strudel sind beliebte Trainingsplätze für Wildwasser-Kanuten, die sich auch bei Kälte – wie hier im Dezember – nicht von ihrem Sport abhalten lassen.

Speyer/Otterstadt, “Reffental”.
Maste von Segelbooten, die wie Finger hinter dem Schilf hervorragen – Bootsliegeplätze im großen Naherholungsgebiet zwischen Speyer und Ludwigshafen. Dem ursprünglichen Schutzgedanken der Altrheine entsprechen die Naherholungsgebiete nicht – aber offenbar dem Bedürfnis stadtflüchtiger Menschen aus Ballungsgebieten, die sich dort allerdings häufig in Ballungszentren von Wohnwagenkolonien wiederfinden.

Speyer/Otterstadt, "Reffental".
Einer der wenigen Altrheinarme, in denen Motorboote Liegeplätze haben und im Schrittempo zum offenen Strom fahren dürfen.
Das "Reff" ist eine Vorrichtung zum Verkürzen der Segel. Da auch das "Reffental" Teil des schiffbaren alten Rheines war, herrscht häufig die Meinung vor, daß dort wegen starker Winde Schiffe, die mit Segeln versehen waren, diese "reffen" mußten. Vermutlich aber scheint der Name von "Raufe" zu kommen, wofür die pfälzische Ausdrucksform "Ref" war: zumeist Futterplätze für das Wild, denn für die Hegung eines guten Wildbestandes bot die Rheinniederung gute Voraussetzungen. Die Bezeichnung "Refenthal" findet sich auch als Umdeutung aus dem lateinischen "refectorium", Speise- oder Versammlungsraum in Klöstern.
1226 ist nun die Rede von einer dem Speyerer Bürger Goteschalkus gehörigen Wiese, die "refectorium animalium" genannt wird. Der erste Teil des Namens "Reffental" dürfte wohl von "Ref" herrühren, dem Futterplatz für Tiere, der zweite Teil mag ursprünglich einem "Dol", also einem Abzugskanal seine Entstehung verdanken.

Quelle: Dr. Konrad Engelhardt, "Geschichtliche Erinnerungen an Speyer"

Autobahnbrücke bei Speyer.
Die Funktion der Fähren haben weitgehend Brücken übernommen. Kühne, aber auch durchaus ästhetisch wirkende Konstruktionen. Sekundenschnell ist der Rhein überquert, kaum Zeit, um wahrzunehmen, gerade den geschichtsträchtigsten Strom Deutschlands passiert zu haben.

Von geruderten Fähren, “fliegenden Brücken”, Schiffbrücken, zu festen Brücken

Stets war im Lauf zweitausendjähriger Geschichte die Kommunikation zwischen links- und rechtsrheinischen Gebieten gewährleistet, sei es in römischer Zeit durch Brücken und Schiffsländen, sei es mit Fährbetrieben mittelalterlicher Städte und Dynasten.
Fünf Fähren waren es allein im Bereich der Stadt Speyer, welche schon im 12. und 13. Jahrhundert die auf beiden Seiten des Stromes liegenden Landstriche der Kurpfalz und des Bistums Speyer miteinander verbanden: die “Lußheimer Fahr”, die “Husener Fahr” bei Rheinhausen, die Fähre bei Ketsch und die bei Udenheim (seit 1623 Philippsburg). Die wichtigste Fähre für Speyer war die “Lußheimer Fahr”, die etwas stromaufwärts von Speyer übersetzte. Sie gehörte dem Fürstbischof von Speyer, ebenso wie die Fähre bei Ketsch bischöflicher Besitz war. Der lukrative Fährbetrieb gab immer wieder Anlaß zu Streitigkeiten.
Die Fähren waren große Nachen, die von Schiffsleuten frei im Strom gerudert wurden, oder aber Seil-, Gier- oder Kettenfähren. Die an großen Ankern in der Flußmitte pendelnden Fähren wurden als “fliegende Brükken” bezeichnet. Der Begriff “fliegende Brücke” war durchaus berechtigt: 1840 benötigte die für die Stadt Speyer neu erstellte Fähre bei Rheinhausen nur noch 5-6 Minuten für die Überquerung des Stromes, wobei die Strömung Antriebskraft war. Die eigentliche Fähre ruhte auf Kähnen, die wiederum mit 14 kleineren Nachen mit der Gierkette verbunden war, die zum Ufer lief. Manchen war diese “Schnellfähre”, die auch Pferde und Fuhrwerke beförderte, unheimlich, so daß sie anfangs lieber Umwege in Kauf nahmen.
Erst die Kriege der Barockzeit erforderten Schiffbrükken zum Übersetzen größerer Truppenkontingente. Sie wurden aber nach Erfüllung ihrer Aufgabe meist wieder abgebrochen. Eine Ausnahme bildete die 1815 ebenfalls als Militärbrücke in Germersheim errichtete Schiffbrücke, die bis 1945 erhalten blieb.
Wachsender Verkehr und erleichterte Handelsbedingungen führten 1840 zur Errichtung der Schiffbrücke bei Maximiliansau und 1865 zu der in Speyer.
Diese Schiffbrücken wurden von eisernen Pontons getragen, der Überbau war aus Holz. Sogenannte ‘Joche’ konnten ausgefahren werden, um den Weg für Schiffe freizugeben. Eine besondere Konstruktion, ein Meisterwerk der damaligen Technik, ermöglichte es, bis sieben Meter Wasserstands-Unterschied auszugleichen. Die Brücke bei Maximiliansau wurde 1865 durch die erste Eisenbahn-Schiffbrücke der Welt ersetzt. Die Stadt Speyer verkaufte ihre Schiffbrücke für 64.000 Gulden an die “Pfälzische Ludwigsbahn”, die 1873 die Bahnverbindung von Speyer nach Heidelberg aufnahm: “’s Klepperle”, das dampfend und pfeifend über die ächzende und wellenförmig nachgebende Schiffbrücke das badische oder pfälzische Ufer erreichte.
Durch eiserne Brücken fest verbunden wurden die beiden Flußufer erstmals 1865-69 bei Ludwigshafen, dann erst wieder 1938 bei Speyer und Maximiliansau. Die Kriegswirren im März 1945 führten zur Sprengung der Rheinbrücken. Heute überspannen neue Brücken den Strom – teils kühn wirkende Werke fortschrittlicher Bauweise, die in Sekundenschnelle überquert sind.

Quellen: Günter Stein, Speyer und der Rhein; Fritz Klotz, Speyer. Kleine Stadtgeschichte; Emil Menzer, Neuer Pfalzführer

Leimersheimer Fähre.
Trotz fester Brücken kann auf Fähren im beschriebenen Stromabschnitt nicht verzichtet werden. Zwischen der Brücke von Maxau und Germersheim ist die Leimersheimer Fähre eine stark frequentierte Verkehrsverbindung, ähnlich der in Altrip, zwischen der Brücke von Speyer und Ludwigshafen. Beide Fähren sind ganzjährig in Betrieb. Die Kollerfähre und das Rheinhäuser Fährschiff werden über das Winterhalbjahr stillgelegt. Die Überfahrt geht so schnell, daß der "ferjo" kaum Zeit hat, die Übersetzgebühr zu kassieren.

Der Fergen Arbeit, in einer „Fergen Ordnung" anno 1583 festgelegt

von Robert Spies

Der "ferjo", wie der Fährmann in Althochdeutsch hieß, ist auf dem Rhein selten geworden. In einer Topographie mit Städtebildern des Kupferstechers Matthäus Merian (1593-1650) finden wir eine Gesamtansicht der damaligen freien Reichsstadt Speyer vor dem großen Brand und der Zerstörung der Stadt in den Orleanischen Erbfolgekriegen im Jahre 1689. Im Vordergrund sehen wir den Rheinstrom. Außer einigen Segelschiffen und Ruderkähnen zeigt uns das Bild auch einen Fährkahn, einen großen Nachen, der auch ein mit Pferden bespanntes Fahrzeug mit mehreren Fahrgästen überzusetzen gestattete.

Diese langen und breiten Nachen, die vom Ufer ablegten, sich drehten und quer zum Strom fuhren, wurden von Fergengesellen gerudert. Da die Fährkähne durch die Strömung stark abgetrieben wurden, mußten sie nach jeder Überfahrt zunächst stromaufwärts gezogen werden, um hier Fracht und Passagiere aufzunehmen und auch, um die am anderen Ufer liegende Landestelle wieder erreichen zu können.

Übersetzmöglichkeiten über den Rhein waren besonders dort zu finden, wo das Hochufer bis unmittelbar an den Strom heranreicht, wie es in Speyer der Fall ist. Dies veranlaßte schon die Römer, die bedeutende Handelsstraße, die "Via Claudia Augusta", von Verona über Augsburg, Geislingen, Cannstadt, Bruchsal nach Rheinhausen zu führen. Vom Ende des 15. Jahrhunderts bis Mitte des 18. Jahrhunderts erlangte diese Straße als Postverkehrsstraße durch die Thurn und Taxissche Reichspostlinie ihre große Bedeutung.

Einblick in das damalige Fährgeschehen gibt eine Urkunde im Stadtarchiv Speyer über der "Fergen Ordnung des Lussheimer Fahrs zu Speyer anno 1583", sowie eine sogenannte Taxordnung "Tax des Fergenlohns an der Lussheimer Fahr". Danach war die Fähre mit einem Fergenmeister und drei bis sechs Fergengesellen besetzt, wobei der Fergenmeister gewöhnlich auch die begehrten Zölle zu erheben hatte. Übergesetzt wurden einheimische und fremde Bürger, Reiter, bespannte Wagen, Karren sowie Tiere, insbesondere Rinder. Wegen des Fergenlohns gab es allerdings nicht selten Differenzen zwischen den Fährleuten und dem Domkapitel, das Eigentümer der Fähre war. Meistens endeten die Streitigkeiten damit, daß die Löhne etwas erhöht wurden. Auch wurde auf die öfter anfallenden Trinkgelder hingewiesen, die die Fergenschiffer bei Festlichkeiten erhielten. Bei den berühmten Reichstagen zu Speyer, insbesondere in den Jahren 1526, 1529, 1542 und 1570, dienten die Fähren den rechtsrheinischen Fürsten zum Übersetzen.

1723 betrug die Taxe an der Lussheimer Fähre für einen einheimischen Bürger "über und rüber" 2 Kreuzer. Ein Fremder mußte das Doppelte bezahlen. Für einen Reiter waren 6 Kreuzer, für einen bespannten Wagen 16 Kreuzer vorgesehen. Wenn der Rhein "groß" war und die Fergen noch schwerer arbeiten mußten, erhöhten sich die Übersetzgebühren.

Es war schon ein enormer Fortschritt, als die Gierfähren entstanden. Dank ihrer Verankerung konnten sie nicht mehr abgetrieben werden und erreichten ihre rechts- und linksrheinische Anlegestelle selbst bei dichtestem Nebel. Zur Bedienung der Fähre wurden nur noch wenige "ferjos" benötigt, denn die Strömung hatte die Arbeit des Ruderns übernommen.

Wörther Altrhein, "Wörther Altwasser" beim "Scherpfer Häusel". Eine Einmaligkeit: Ein "Mini-Pfahldorf" im Altrhein. Die Anglerhütten sind wohl vor ca. 30-35 Jahren entstanden. Neue dürfen nicht mehr gebaut, nur die alten instand gehalten bzw. erneuert werden. Früher standen die Hütten verträumt, verdeckt im zwei Meter hohen Schilf, vom Ufer kaum einsehbar. Rings ums Ufer ist 2-3 Meter Schlamm, der durch die Stege überwunden wird – um angeln zu können.

Die "Große" und "Kleine" Fischerei; vom Stör-, Salm- und Aalfang

Die frühesten Zeugnisse der Fischerei in unserer Gegend stammen aus der Zeit der Kelten und Römer. Der Ortsname Jockgrim ist keltischen Ursprungs und deutet auf "Salmeneck".
Der Fischreichtum des Rheins war beachtlich, der Berufsfischer deshalb ein häufig ausgeübter Beruf entlang des Stromes. In der freien Reichsstadt Speyer, wo die Möglichkeiten der Berufsausübung vielfältiger waren als in den Dörfern, gehörten Ende des 16. Jahrhunderts immerhin 60 Familien der Fischerzunft an. Das entsprach etwa 6 Prozent der Einwohner.
Neben dem Stör gehörten der Salm oder Lachs zu den begehrten Rheinfischen. Salmengründe wurden schon im Mittelalter registermäßig festgehalten. Sie lagen an stark fließenden Stromabschnitten; die Bezeichnung "grund" drückt aus, daß es sich um tiefe Stellen handelte.
Der Stör, der seltener rheinaufwärts zum Laichen zog, galt als "Herrenfisch", begehrt vor allem wegen des Kaviars. Er war – gleich dem "Hochwild" – an die "Herren" abzuliefern. 1727 zogen Fischer bei Speyer mit dem Netz ein besonderes Prachtexemplar aus den Fluten: 2,75 Meter lang und 297 Pfund schwer. Wie es festgelegt war, haben ihn die Herren des Stadtrats erhalten. Die Fischer bekamen als "Lohn" den Kopf bis an die dritte Rippe (64 Pfund). Spätere Störfänge erreichten diese Größe nicht mehr. 1871 wurde bei Germersheim ein Stör gefangen, mit 2,34 Meter Länge auch ein "Herrenfisch" von ungewöhnlicher Größe. Das dürfte einer der letzten beachtlichen Störfänge gewesen sein, denn ab dieser Zeit wird im hiesigen Stromabschnitt kaum mehr vom Störfang berichtet.
Salmen- und Störfang wurde als "Große Fischerei" bezeichnet; alle anderen Fischarten zählten zur "Kleinen Fischerei." Salme und Störe, die ja Meeresfische sind, suchten zum Laichen Süßwasser auf, zogen von der Nordsee den Rhein stromaufwärts.
In unserer Gegend war etwa im Juli Hauptfangzeit der Salme. "Zum Fang der Rheinsalme benützte man von Basel rheinabwärts die Salmenwaage, eine am Ufer aufgebaute Großfangeinrichtung. Bei der "Stuhlfischerei" errichteten die Fischer am Ufer in Höhe der Lachs-Laichgruben ein Häuschen, in dem sich ein Stuhl befand. Ein Salmenweibchen wurde als Köder ins Wasser gelassen, um die Männchen anzulocken. Langsam wurde der Lockfisch zum Ufer gezogen. Die nachfolgenden Fische konnten mit einem Netz gefangen werden. Eine weitere Fangart war das Zünden und Stechen, das bei Fackellicht geschah. Mit einem dreizinkigen Gehr wurden die Fische in ihren Laichgruben gestochen."*
Fangzeit wie Verkaufspreis der Salme waren durch den Rat bestimmt. 1671 legte dieser den Fangpreis für ein

Hochstetten, Insel Rott.
Dieses Schiff – ein niederländischer Veteran – wurde von einem "Schiffigen" erworben, zum Aalschokker umgebaut und zum Fischfang im Rhein eingesetzt. Die Fischertradition wird seit vielen Jahren von der Tochter und ihrer Familie im inzwischen weit bekannten Fischrestaurant "Waldfrieden" liebevoll und engagiert fortgeführt. – Zu den unvergeßlichen Jugenderinnerungen des Autors gehört, daß er an Bord des Aalschokkers "Dorothea" (der am "Herrenteich", stromaufwärts von Ketsch lag) manche Nacht auf dem Strom verbringen durfte. Roland Betsch schrieb: "Wir liegen mitten im Strom, das schwere Netz ist ausgebracht, der Rhein rauscht an uns vorüber, glitzernd und funkelnd noch in der Schwärze der Nacht". – Jedes Mal ein neues Erleben, doch stets bleibend das Gefühl des Verbundenseins mit dem Strom.

Pfund Fisch wie folgt fest: Karpfen 9 Kreuzer, Hechte 10 Kreuzer, Barben 4 Kreuzer, Aal 4 Kreuzer, Schleyen 4 Kreuzer, Rotaugen 3 Kreuzer, Schneiderfisch 3 Kreuzer. Ein Pfund Salm kostete je nach Fangzeit zwischen 8 und 12 Kreuzer. Der Salm war also schon immer ein teurer Fisch. Später, in den achtziger Jahren des vorigen Jahrhunderts, kostete das Pfund 3 Mark oder 1 Taler – viel Geld für die damalige Zeit.

Es gehört ins Reich der Fabeln, daß Dienstmädchen in dieser Zeit mitunter gekündigt hätten, weil sie mehrmals in der Woche Salm essen mußten. Genießer dieser Delikatesse waren vielmehr reiche Geschäftsleute aus Karlsruhe, Heidelberg und Frankfurt. Die Händler kamen mit ihren Fuhrwerken häufig direkt zu Fischern in die Salmengründe und kauften die Rheinspezialität frisch aus dem Wasser, oder die Salme wurden frischgefangen in Weidenkörben eingeflochten und von den Fischersfrauen zum Markt getragen. Die Ausbeute des vielgerühmten Salmes war nicht groß. Im Durchschnitt wog ein Salm 12 Pfund. Manchesmal fing ein Fischer nur einen am Tage, wenn er Glück hatte, drei bis vier. Stärkere Strömung nach der Rheinkorrektion, Verlust von Futter- und Ruheplätzen, sowie die zunehmende Dampfschiffahrt hielten die Wanderfische immer mehr vom gewohnten Laichweg ab. Für die Berufsfischerei wurde diese Entwicklung existenzbedrohend. Deshalb versuchte man ab 1850, Salme, aber auch Forellen und andere Fische zu züchten und als Ersatz im Rhein auszusetzen. Befruchtete Eier gefangener Salme mußten an Fischzuchtanstalten zur künstlichen Bebrütung abgegeben werden. Durch die weitere Zunahme der Dampfschiffahrt und der fortschreitenden Rheinverschmutzung durch häusliche und industrielle Abwasser blieb jedoch die angestrebte Verbesserung der Situation aus. Alleine der Zander wurde um 1880 erfolgreich im Rhein ausgesetzt. Neben Zander, Hecht und Aal spielten dann die gegen schlechtere Wasserqualität unempfindlicheren Schleien und Karpfen die Hauptrolle in der Fischerei des Oberrheins.

Noch einmal aber sollte in den zwanziger Jahren dieses Jahrhunderts die Rheinfischerei einen großen Aufschwung erleben: mit dem Aalfang. Aale störte die Flußbegradigung offenbar nicht und gegen die Wasserverschmutzung waren sie bis zu einem gewissen Maße ebenfalls weniger empfindlich. Schließlich aber wurde die Verschmutzung des Rheines auch für Aale zu stark, mit der Folge, daß in den sechziger Jahren die Berufsfischerei weitgehend zum Erliegen kam. Die Schokkerfischerei bekam zusätzlich die verstärkte Nachtschiffahrt zu spüren, so daß kaum mehr die Möglichkeit bestand, die Netze auszulegen.

Zeugen vergangener Aalzeiten sind nur noch wenige ausgediente, teilweise zum Fang umgebaute Aalschokker; etwa 15 Meter lang, 5 Meter breit, mit geringem Tiefgang. Aalfangzeit war von Mai bis November.

In dieser Zeit zogen die Aale "aufgeladen und wohlgenährt" rheinabwärts, um in dem fernen Sargasso-See, nördlich der Antillen, ihrem Geburtsplatz, zu laichen. Nachts, eine halbe Stunde nach Sonnenuntergang, legten die Aalschokker vom Ufer ab und blieben bis eine halbe Stunde vor Sonnenaufgang im Strom – denn dann nahm die Schiffahrt ihren Betrieb wieder auf. Dort wurde der hölzerne Netzbalken, ein starker Stamm, quer zum Strom geschwenkt. Darunter war ein zweiter Stamm befestigt, mit Ketten umwickelt und beschwert, der sich durch sein Eigengewicht 4,50 Meter absenkte. Vor der morgendlichen Rückfahrt zum Ufer wurde er über eine Winde wieder hochgezogen. Ein etwa 30 Meter langes Netz, an den Stämmen befestigt, endete in einem reusenähnlichen Netzsack; in ihn trieb die Strömung die Fische: Lohn harter Arbeit. Der letzte Berufsfischer in der Pfalz, Paul Kuhn aus Leimersheim (1996): "Von der Fischerei im Rhein zu leben ist heute kaum noch möglich."

* Quelle: Museum der Pfalz in Speyer, Auszug aus einem Ausstellungsbeiblatt

Fischer beim Netzeinholen:
"... Lohn harter Arbeit".

Angler statt Berufsfischer, Angelsportvereine statt Zünfte, Feste statt Märkte

Auf den Fischmärkten der Städte wurden neben Rheinfischen auch Seefische angeboten, vor allem Heringe und Bücklinge. Obwohl es gesalzene oder geräucherte Fische waren, wollte man sich vor verdorbener Ware absichern. Der Rat der Stadt verlangte deshalb von den Lieferanten eine Gütegarantie. Hauptumschlagplatz am Rhein für Heringe und Bücklinge war Köln, von deren Kaufmannschaft oder dem Rat der Stadt Köln eine Erklärung verlangt wurde, daß Heringe und Bücklinge frisch und gut und nach dem St. Jakobstag (25. Juli) gefangen sind. Der Heringshandel – in Speyer bis ins 13. Jahrhundert zu belegen – diente aber nicht nur der Nahrungsversorgung der einheimischen Bevölkerung; er war gleichzeitig durch Weiterverkauf in andere Gebiete bedeutender Wirtschaftsfaktor der Stadt.

Ab dem 12. Jahrhundert schlossen sich die Fischer in Zünften zusammen, oft auch gemeinsam mit den Schiffern. Schutzpatron der Schiffer war St. Nikolaus. Ab 1242 gab es in Speyer, nördlich vom Dom, die St. Nikolauskapelle (die 1825 abgerissen wurde). Die Zunft unterhielt ein eigenes Pilgerschiff, das St. Nikolaus-Schiff, für das 1436 alle Zollstätten-Besitzer am Rhein um zollfreie Passage gebeten wurden.

An all diesen Dingen wird erkennbar, welch wichtige Rolle der Fisch in der Berufsausübung, aber auch bei der Nahrungsversorgung spielte. Während der früher besonders strengen Fastenwochen bildete Fisch für die Bevölkerung die einzig erlaubte "Fleischspeise".

Fischmärkte und Fischerzünfte sind Vergangenheit, fleischlose Fastenwochen werden kaum mehr eingehalten, moderne Transportmöglichkeiten haben die Bedeutung des heimischen Fischs als Nahrungsmittel verdrängt, die Berufsfischerei im Rhein ist praktisch tot. Daß die ganze "Fischertradition" heute von den Anglern fortgesetzt wird, wäre ein etwas kühner Schluß. Immerhin: Anstelle der Fischerzünfte sind die Angelsportvereine getreten, statt der Fischmärkte finden Anglerfeste statt, wobei der Verzehr "Marktmengen" erreicht, denn dreißig Zentner Fisch bei einem Fest sind keineswegs außergewöhnlich.

In einem 1653 erschienenen Buch nannte der Engländer Isaak Waltons das Angeln "eines nachdenklichen Mannes Erholung". Viele solcher nachdenklicher Männer warten in den stillen Altrheinarmen oder an den Ufern des offenen Stromes "auf den Biß". 9.240 Befähigungsnachweise und 13.864 Fischereischeine wurden 1994 für die Pfalz ausgegeben!

"Kapitale", über zwanzigpfündige Hechte und Karpfen, sind keine Alltagsfische, aber auch keine Seltenheit. Brassen, Schleien und Barsche erreichen bei uns ein Höchstgewicht von etwa 5 Pfund; Zander über 20 Pfund haben Seltenheitswert. – Ein 1995 gefangener Lachs, ein Fünfpfünder, nährt die Hoffnung auf einen Rückgang der Wasserverschmutzung. Die Wasserqualität des Rheins hat auf der vierstufigen Skala der Qualitätsmessung inzwischen die Note 2 erreicht.

Berghäuser Altrhein.
Ein Dorado für Angler. In einem 1653 erschienenen Buch ist über das Angeln zu lesen, es sei “eines nachdenklichen Mannes Erholung”. In unseren Tagen schreibt Peter Bamm: “Angeln ist die einzige Philosophie, von der man satt wird.”

Regalien (königliche Hoheitsrechte): Das "dominium Rheni"

Aus den staatsrechtlichen Gutachten der Pfälzer Juristen des 17. Jahrhunderts und aus einer Instruktion vom 13. Mai 1668 an eine Kommission hoher Beamter, die den Auftrag zur Vornahme der ersten Rheinbefahrung nach dem Dreißigjährigen Kriege erhielt, sowie aus einem Generalbefehl an alle am Rhein gelegenen kurpfälzischen Ämter vom September 1668 läßt sich übereinstimmend etwa der folgende Katalog von besonderen, althergebrachten Rechten der Kurpfalz auf und am Rhein zusammenstellen:

1. Kraft besonderem Regal ist der Pfalzgraf im Gebiet zwischen Selz und Bingen "ein Herr des Rheinstroms", er hat alle Gerichtsbarkeit und das Geleit auf dem Strom. Im allgemeinen gehört ihm auch der Leinpfad am Flußufer. Wo dieser – so in Teilen des bischöflich speyerischen und des markgräflich badischen Territoriums – anderen zusteht, übt der Pfalzgraf doch die Aufsicht über ihn aus.

2. Alle alten und neuen Inseln, Sandbänke und Anlandungen im Rhein stehen Kurpfalz zu. Das galt auch im Gebiet des Hochstifts Speyer und der Markgrafschaft Baden, in letzterem Falle allerdings mit der Einschränkung, daß bei den Rheininseln dem pfälzischen Regal keine besonderen früheren Verträge entgegenstanden. Neu sich bildende Inseln und Anhänge gehörten nach dem "ius alluvionis" mit allen Nutzungen und Hoheitsrechten auf jeden Fall der Kurpfalz. Bei längerer und konsequenter Durchführung dieses Anspruches mußten sich beim Charakter des Oberrheins von Selz bis Bingen vor der Rheinkorrektion daraus die größten Auswirkungen ergeben.

3. Die Jagd, alle Gold-, Vogel- und Salmengründe, alle Eisbrüche auf diesen Inseln und jungen Anlandungen gehören Kurpfalz, werden von ihr ausgeübt bzw. verliehen.

4. Die Pfalz hat die Kontrolle über alle Baumaßnahmen am Flußufer.

5. Die Pfalz hat die Aufsicht darüber, daß die Fischerei auf dem Rhein nach der alten Rheinordnung erfolgt. Die Fischer – auch fremder Territorien – müssen auf den pfälzischen Rheingerichstagen ("Rheinrugen") erscheinen. Die Aufsicht über den Rhein – hauptsächlich die Fischerei, aber auch über die anderen Rechte – haben von der Pfalz eingesetzte Rheingrafen.

6. Sozusagen zur Anerkennung und als Symbol für das dominium Rheni des Pfalzgrafen müssen die als "Wildfänge" bezeichneten Störe, die Lieferanten des begehrten Kaviars, die früher nicht selten zum Laichen bis in den Oberrhein kamen, wie auch andere Meeresfische an den Hof nach Heidelberg abgeliefert werden.*

Wie kam es zu dem Begriff "Wildfänge" bei den Stören? Das Wildfangrecht drückte das Recht des Landesherren aus, zugezogene Fremde, die keinen nachfolgenden Herren hatten, als Leibeigene beanspruchen zu können. Noch Pfalzgraf Karl Ludwig versuchte dieses Herrschaftsrecht mit besonderem Nachdruck durchzusetzen. 1664-1667 kam es dadurch im sogenannten "Wildfangstreit" zu bewaffneten Auseinandersetzungen mit mächtigen Territorialnachbarn, die beinahe einen deutschen Krieg auslösten.

1667 erging durch Vermittlung des französischen und des schwedischen Königs ein Schiedsspruch. Dieser erkannte die Pfälzer Ansprüche weitgehend an. Die Pfalz

erhielt hohe Entschädigungen; alleine das Hochstift Speyer mußte 400.000 Gulden zur Ablösung dieses Rechtes bezahlen.
Aus der Zeit um 1500 ist die Definition überliefert, was als "Wildfang" gilt: "was uß fremden landen in diese landesart kumen und wonen ist." Störe kamen aus dem Meer, gewissermaßen aus fremden Landen zugezogen. Was man bei Menschen für rechtens hielt, ließ sich unschwer auf den begehrten Fisch übertragen: Die Störe wurden zu "Wildfängen" erklärt – womit auf einfache herrschaftliche Art das Exklusivrecht an dieser Delikatesse gesichert war.
Ein Wildfang wäre wohl auch der "Unglückswal" gewesen, der 1688 von der Nordsee bis Basel hinaufschwamm, dort umkehrte und 1689 unterhalb von Köln verendete. "Das entsetzliche Meerwunder war an Größe und Farbe einem schwarzen Pferde ähnlich. Etliche hielten es für ein Meerpferd oder Wassermonstrum, welches alles das Unglück so 1689 die Pfalz und die Rheinländer betroffen, vermutlich angedeutet. Es erschreckte durch seine Größe und Gestalt alle Einwohner. Man schoß anfangs nach dem Tiere. Es hat aber die Schüsse so wenig geachtet als wenn man ein paar Bohnen nach ihm geworfen".**
Die historische Überlieferung von einem Wal im Rhein, damals, 1688/89, hat 1966 Wahrheitsgehalt erlangt. Da schwamm ein – allerdings weißer Beluga-Wal bis über Bad Godesberg hinauf. Trotz aufwendiger Bemühungen ihn einzufangen, konnte der Wal das freie Meer wieder unversehrt erreichen.
Zurück zu den "Regalien": Streit zwischen Städten und Kurpfalz gab es auch wegen der "Eiswasser". Über Eiswasser heißt es im Rheinweistum von 1569, "... daß dieselben gemeinlich adern vom Rhein seindt, welche man zum jar nimmer fischet, anders dan wan eiß vorhanden ist, bricht man das eiß".
Eiswasser – auch Eisbrüche genannt – waren Seitenarme oder Ausbuchtungen des Rheins, teilweise vom Strom abgetrennt. Diese langsam fließenden oder stehenden Gewässer froren im Winter meist zu. Dann war die Zeit der Eisbruchfischerei gekommen. Flußarm oder Ausbuchtung wurden mit Garn, das mit Blei beschwert war, versperrt. Die Fische, die bei Kälte besonders empfindsam auf Geräusche reagieren, trieb man durch Zerschlagen der Eisdecke in die Fangvorrichtungen.
Obwohl Städte, Adelige und Bürger Lehensbriefe über Rheininseln vorlegten, wonach sie zu jeder wirtschaftlichen Nutzung, logischerweise also auch der Eisfischerei dieser Inseln berechtigt sind, störte das die Beauftragten des Pfalzgrafen nicht im geringsten. Neue Inseln seien schließlich "von Gottes Hand" entstanden, und von Eiswassern sei in den Lehensurkunden keine Rede. Somit sei wohl klar, daß das Recht an beidem dem Pfalzgrafen zustünde. Sie verboten die Nutzung der Eisbrüche, erklärten sie zum Eigentum des Pfalzgrafen, um sie für diesen gegen Entgelt zu vergeben. Falls ihnen widersprochen wurde, erwähnten sie unmißverständlich, daß im Falle einer Weigerung der Pfalzgraf "Recht geschehen lassen werde vor dem Rheine" – womit das Nutzungsrecht geregelt war.
Zwar wollten weder der Pfalzgraf noch seine adeligen Herren selbst fischen. Anders als bei der Jagd – wo "der gemeine Mann nie den edlen Hirsch erlegen konnte" – hatte die Fischerei keine prestigemäßige, sondern nur wirtschaftliche Bedeutung. Man ließ fischen: Die Fischereirechte wurden gegen Abgaben verliehen. Zusätzlich zum Entgelt hatten die "Konzessionäre", die Fischer, bestimmte Mengen eines Fanges abzuliefern oder einen entsprechenden weiteren Geldwert zu entrichten. Mitunter wurde auch noch der sogenannte "Vorfisch" gefordert, worunter ein Fischessen und eine keineswegs knapp bemessene Fischmenge zu verstehen war.

* Quelle: Alfons Schäfer, "Der Anspruch von Kurpfalz auf die Herrschaft über den Rhein von Selz i.E. bis Bingen"
** Quelle: "Führer durch das Historische Museum der Pfalz zu Speier" (1914)

"Rheingold" – das Recht zur Gewinnung war jahrhundertelang begehrt

Die Kiesausbeute aus Altrheinarmen und Auen wurde zum "Rheingold" unserer Tage. Eine Baggerung im geschiebeführenden Strom verbietet sich wegen der Erhaltung des geordneten Strombettes. Würde man eine im Strombett liegende Kiesbank wegbaggern, so wäre sie auch in Kürze wieder angeschwemmt. Allerdings wandern auch Kiesbänke stromabwärts – jedoch sehr langsam: Auf die Strekke der Tullaschen Rheinregulierung, also von Neuburg bis zur Einmündung des Frankenthaler Kanals, braucht eine Kiesbank immerhin über einhundert Jahre für ihre Verlagerung.

Das richtige Rheingold gelangte in Form kleinster Goldflitter aus Nebenflüssen der Alpen in die Aare und von da in den Rhein. Die beste Ergiebigkeit für Goldwäscher gab es zwischen Kehl und Mannheim: ab da war dann kaum mehr Gold zu finden. Das hing mit den immer wieder angeschwemmten Kiesbänken in diesem Stromabschnitt zusammen. Schon 868 erwähnt Otfried von Weißenburg in seinem Evangelienbuch die Goldgewinnung aus Rheinsand. 1366 erhielten die Speyerer Bischöfe vom Kaiser das Recht, Goldmünzen zu prägen. Kaum hundert Jahre später klagte Bischof Raban gegen die Stadt Speyer, daß von ihr Dämme gebaut worden seien, so daß Schiffe nicht wie von altersher in die "Goldgrube" fahren können. Die "Goldgrube", heute noch ein Gewannenamen südlich von Speyer, war also ursprünglich ein Ausläufer des Strombettes wie andere Goldgründe auch. Goldmünzen, die die Kurfürsten aus Rheingold schlagen ließen, trugen – erstmals 1674 – die Prägung: EX.A.RH = Ex Auro Rhenano (aus dem Gold des Rheines).

Wer Gold waschen wollte, brauchte einen Erlaubnisschein. Die Königlich-Bayerische Regierung verlangte für eine solche Erlaubnis jährlich 20 Kreuzer. Das gewaschene Gold war abzuliefern – was allerdings nur zum Teil geschah. Für 3,25 Gramm gab es dann eine Vergütung von 4 Gulden und 20 Kreuzern. Gut bezahltes Nebenprodukt war der ausgespülte Magneteisensand, der bis zur Erfindung des Löschpapiers als Streusand in Schreibstuben verwendet wurde.

Aus Aufzeichnungen der Karlsruher Münze geht hervor, daß dort jährlich zwischen 7 und 83, im Jahr 1831 sogar noch 12,9 Kilogramm Rheingold abgeliefert wurden. Ein lohnender Erwerbszweig war die Goldwäscherei aber schon bald nach der Rheinregulierung durch Tulla nicht mehr.

Auch eine von der Regierung angeschaffte neuerfundene Maschine zum Goldwaschen konnte den Niedergang dieses Gewerbes nicht aufhalten. Dennoch erlebte das Goldwaschen im 19. Jahrhundert nochmal einen Aufschwung, weil bei der großen Notlage darin mancher seine letzte Chance sah.

Nach der Rheinkorrektion ging durch die schnellere Fließgeschwindigkeit des Rheins die Goldausbeute rapide zurück. In Speyer hat bis 1895 ein Goldwäscher noch laufend gewaschen; 1900 versuchten es seine Söhne nochmals – aber die Ausbeute war kärglich: sechs Gramm Gold, für das drei Männer zwei Tage hart arbeiteten. Ein letzter Versuch, Gold aus dem Rhein zu gewinnen, erfolgte 1936 bei Illingen (Rastatt) mit einem Bagger, der bis 1943 in Betrieb war. Aber auch mit dieser neuen Technik betrug die Goldausbeute durchschnittlich nur 300 Gramm jährlich.

Speyer, beim "Deutschhof".

Die Jagd: ein gnadenlos ausgeübtes "Recht" der Herrschenden

Durch das Feudalsystem wurde das Jagdrecht immer mehr zum Exklusivrecht des Landesherren. Unabhängig vom Grundbesitz konnte der Landesherr Wälder mit dem Wildbann belegen und sich so das alleinige Recht zur Jagdausübung verschaffen.
Bauern, die zum Schutz ihrer Ernte auf ihrem Grundeigentum Wild töteten, erwarteten drakonische Strafen. Nach einer Wildererverordnung von 1718 drohten Geld- und Freiheitsstrafen, bei Tötung von mehr als 20 Tieren Landesverweis. Die Todesstrafe sollte verhängt werden, wenn der Landesvater in der Nähe war, in Banden gewildert oder bei der Verhaftung Widerstand geleistet wurde; in einem solchen Fall war auch die Verschickung auf Galeeren, vor allem die der Republik Venedig, möglich. Rechtsschutz für Verdächtige gab es nicht. Die eidliche Versicherung eines Jagdbediensteten, der Angeklagte habe gewildert, genügte zur Verurteilung. Nicht der Kläger mußte die Schuld beweisen, sondern der Angeklagte die Unschuld.
Die hohe Geistlichkeit, in der Regel adeligen oder fürstlichen Geschlechts, übte die Jagd ebenso intensiv aus, wie ihre weltlichen Standesgenossen. Überschneidungen und Konflikte waren unvermeidlich: 1585 klagte die Stadt Speyer vor dem Reichskammergericht. Erst 1589 kam es zu einem Vergleich zwischen dem Speyerer Fürstbischof Eberhardt von Dienheim und der Reichsstadt Speyer. Danach durften die Domherren, gleich der Bürgerschaft, auch innerhalb der Landwehr vom 10. August bis 1. März das Jagdrecht ausüben. Außerhalb dieser Zeit mußten sich beide Teile "des Jagens, Hetzens, Schießens, Fahens (Fangens) und alles Weydwerk mit Garn, Stöcken, Büchsen und Hunden oder wie das sonst immer Namen habe" enthalten. 1621 "schlugen Fischerjungen auf dem Rhein" einen Hirsch, der ihnen von bischöflichen Jägern abgenommen wurde. Die Stadt forderte den Bischof auf, den Schaden wiedergutzumachen und dergleichen zu unterlassen.
Leidenschaftlicher Jäger war auch der Speyerer Maler Ruland (1744-1830), der "ganze Nächte" auf Jagd ging. Prompt zeigte ihn der Stadtjäger an. Ruland sagte, er sei Bürgerssohn und lasse sich nicht abhalten, schließlich gingen auch Domherren und ihre Bediensteten jeden Tag mit Hunden auf Jagd. Der Rat jedoch beschied, daß ihm "zu jagen nicht zukomme".
Im allgemeinen war den Untertanen lediglich der Vogelfang gestattet. Auch dieses "Recht" wurde aber im Zuge des Absolutismus Anfang des 18. Jahrhunderts weitgehend aufgehoben, weil der Vogelfang die "hohe Jagd" störte. (Quelle: H.W. Eckhardt, Herrschaftliche Jagd)
Mit der Jagdleidenschaft der Fürsten wuchs auch der Wunsch, in wald- und wildreichen Gegenden Jagdschlösser zu errichten, denn auch auf der Jagd wollte man nicht auf gewohnte Bequemlichkeiten verzichten. Jagdschlösser wurden zur Prestigefrage. So entstand das Karlsruher Schloß auf den Wunsch des sehr weltlichen Baden-Durlacher Markgrafen Carl Wilhelm, im wildreichen Hardtwald der Rheinniederung ein Jagdschloß zu besitzen. Überliefert wurde folgende "traumhafte" Geschichte: Auf der Suche nach einem verlorenen Fächer seiner Gemahlin übermannte Carl Wilhelm die Müdigkeit. Er legte sich unter einen Baum, schlief ein und träumte von einem Schloß in fächerförmiger Anlage. Als er erwachte, lag der Fächer neben ihm. Natürlich schwor er, Schloß und Anlage zu bauen. 1715 fand die Gründungsfeier statt – Geburtsstunde der strahlenförmig angelegten Stadt Karlsruhe.

Speyer, nördlich der Autobahnbrücke, "Im Kirchengrün".
Ein alter Gewannename. Interessant an diesem Beispiel zu zeigen, wie solche Flurnamen entstanden sind: Nördlich, unterhalb des Domhügels in Speyer, grenzt der alte Stadtteil "Hasenpfuhl" an den Hafen. Dort gab es eine eigene Hasenpfühlerzunft der Schiffsleute, Schiffbauer und Kärcher angehörten (Kärcher = Karrenführer). Auf letztere geht die Flurbezeichnung "Im Kirchengrün" zurück.

Der zweite Teil des Wortes läßt uns diesen Distrikt als am Rhein gelegen erkennen (Grün, richtiger Grien = Sandbank). "Kirchen" aber ist aus "Kärcher" entstellt. 1588 bitten die "Hasenpfühler" den Rat, ihnen das "wortlein unden am Rhein" eigentümlich zu überlassen und ihre Bitte hat Erfolg."

Quelle: Konrad Engelhardt, "Geschichtliche Erinnerungen an Speyer"

Hanns Bitterfuchs, der Entenjäger

von Willi Gutting (Auszug)

... und vor mir steht plump und halb in die Weiden hineingestellt die schwarzzerwetterte Bretterhütte des einzigen Menschen, der in dieser Stille haust. Winter um Winter, von November bis März, das Haus des Entenjägers, ganz in Schilfbündel vergraben, die den Nord- und Ostwind auffangen sollen. Nur die Tür ist frei, und das Loch, einfach aus der Bretterwand herausgesägt, dem Wasser zugekehrt. Und drinnen Feldbett, Matratze mit Decke, Kanonenofen, ein Brett als Tisch, darüber ein Brett als Küchenschrank, vollgestopft mit unmöglichem Gerät, die Käfige der Erpel – und dazwischen ein Gang von der Tür zum Ausguck hin, in dem sich ein hagerer Mann mit einiger Gewandtheit bewegen kann. An den Wänden – oh Wildwestromantik der finsteren und blutigen Gründe – Axt und Säge, Dolch und Pfeife, die Gewehre geladen und schußbereit ...
Ich dränge mich zum Loch. Da sehe ich sie im Winkelflug, Hunderte, hoch, hoch über uns, und dann andere viel tiefer, in Sekunden müssen sie über uns sein. Hanns Bitterfuchs wirft mit einer blitzschnellen Bewegung die Decken von den Käfigen, der erste Vogel fliegt mit sicherem Schwung, von den Händen des Jägers geworfen, zum Loch hinaus, reckt dann die Flügel, macht einen Mordslärm und verschwindet dann nach rechts hinüber. Der zweite und dritte Vogel ihm nach, der vierte, sechste, zehnte. Ich sitze derweil auf der Pritsche, mir schlägt es seltsam ins Blut, als verbände mich ein Kontakt mit dem Jäger, mein Puls hält wohl den gleichen Takt mit dem seinigen. Ich sehe nichts; ich höre bloß draußen die Enten schreien. Dann späht Hanns Bitterfuchs vorsichtig hinaus, dreht sich um, schlüpft aus den Holzschuhen, faßt nach den zwei Flinten und verschwindet lautlos. Ich weiß, jetzt rennt er gebückt im Schutze der Weiden stromaufwärts, wo hundert Meter weiter sein Schießstand aufgebaut ist, holzversteifte Schilfmatten, die nach den Seiten und nach oben abdeckend bis hinunter ans Wasser gestellt sind. Jetzt mag er unten sein. Vorsichtig zum Loch. Draußen, mitten im Strom, schwimmen die Enten, lassen sich treiben. Im Spiegel aber, hier kein überflüssiger Luxus, sehe ich den ganzen Strom hinauf, ohne den verräterischen Kopf hinausstrecken zu müssen. Der Schießstand spiegelt sich, harmlos, ich sehe sogar die Lockenten, zehn, zwölf, an der Schnur im Wasser aufgereiht, an den Füßen festgebunden, vor dem Schießstand.
Die Erpel schwänzeln verliebt um sie herum, erfreuen sich ihrer kurzen Freiheit, mit den Flügeln das Wasser schlagend, und stellen sich überhaupt an, als sei dies der sicherste, gemütlichste Platz von allen Fischgründen des Rheinstromes ... Und ganz deutlich sehe ich dort, noch draußen im reißenden Wasser, das Dutzend Enten, und tatsächlich, sie treiben langsam herein ins tote Wasser hinter der Sandbank, langsam, angelockt von den zahmen Enten, immer näher ihrem Verderben. Noch fünf Meter herein, dann schießt er. Noch zwei Meter – jetzt – warum schießt er nicht? Da sehe ich wie sie umschwenken, ein paar Schatten flitzen hoch, ein paar Punkte auf dem Wasser werden sonderbar breit, wie auf einmal plattgedrückt, gleichzeitig ein Schuß und noch einer. Ich bin schon draußen vor der Hütte. Auch Bitterfuchs kommt zum Vorschein, er rutscht an der Böschung, ist aber gleichzeitig bei mir am Nachen. Hinein und schon sind wir vom Land. Ein paar Schläge, die erste mausetot. Bitterfuchs wirft sie herein, achtlos, sie ist kein Wild mehr, sie ist Ware jetzt, gut genug, um des armseligen, aber notwendigen Geldes wegen. Vier oder fünf fängt er so auf, die letzte schlägt noch mit den Flügeln. Mit einem Ruck ist ihr das Genick abgedreht. – Langsam treiben wir ans Land hinüber. Ich hänge die Enten in der Hütte auf, der Hals des männlichen Vogels schillert und glänzt.

Heiligensteiner Tongruben.
Vom Schilf umwuchert die kleine Hütte, eingehüllt und verborgen vor neugierigen Blicken. Erinnerungen an "den Entenjäger" werden wach. Längst ist die kleine Hütte verschwunden – und auch Entenjäger hausen heute nicht mehr am Rhein oder seinen Altwassern.

Germersheim, Insel “Grün”.
Kopfweiden in der Altrheinlandschaft gehören – wie in anderen Flußniederungen – zum Bild dieses Überschwemmungsgebietes, das für andere Kulturpflanzen kaum geeignet ist. Weidenruten waren ein begehrtes Material, das der armen Bevölkerung durch Flechtarbeiten ein “Zubrot” ermöglichte.

Frühere Erwerbsquellen und "Zubrot" für die teils bettelarme Bevölkerung

Die Kopfweide gehört zum Bild der Flußniederungen, die wegen Überschwemmungsgefahr kaum für andere Kulturpflanzen geeignet sind. Schon in der Antike wurden die Weidenruten des gedrungenen, knorrigen Weidenstumpfes für Gebrauchsgegenstände genutzt. Auch im Alten und Neuen Testament trifft man häufig auf den Korb, die Trage, das Fischfanggerät aus Weidenruten.

Neben dem Material für die Korbflechterei lieferten Weiden in der Rheinniederung die Faschinen zur Dammbefestigung und für Festungsbauten – in der Pfalz auch begehrtes Bindematerial für den Weinbau. Da Weiden in kurzer Zeit dichte Gehege bilden, waren sie gleichzeitig eine natürliche Befestigung der Ufer und Dämme.

Die Ruten wurden meist im Herbst geschnitten und entweder samt Rinde oder auch geschält verwendet. Geschält wurde in frischem Zustand mit der Klemme, einer aus zwei elastischen Schenkeln bestehenden hölzernen oder eisernen Zange, durch die die eingeklemmten Ruten gezogen wurden. Damit sie weiß blieben, kam es auf rasches Trocknen an. Die Ruten konnten mehrere Jahre aufbewahrt werden und erhielten durch Einlegen in Wasser ihre Flechtfähigkeit wieder. Für feinere Flechtarbeiten wurden die Ruten gespalten und gehobelt, so daß sie die Form von Bändern annahmen. Fertige Körbe aus geschälten Ruten wurden gewaschen oder in einem Kasten, in dem Schwefel verbrannte, gebleicht. Längst aber wird in unserer Gegend für Feinkorbwaren eine besser geeignete Weidenart angebaut, die im Aussehen eine rötlich-braune Farbe hat, während die Kopfweide gelb oder grau ist. Die Korbmacherei, einst begehrtes Zubrot in der Rheinniederung, ist auf Grund des geringen Verdienstes hier fast ausgestorben.

Holzschuhmacher waren bis Anfang dieses Jahrhunderts in einigen Rheindörfern tätig. Lederschuhe kosteten etwa drei Taglöhne eines Landarbeiters, weshalb sich vor allem die Landbevölkerung mit Holzschuhen aus dem Pappelholz der Rheinniederung begnügte. Der Preis für ein Paar lag damals um 50 Pfennige, bei knapp zwei Stunden Arbeitszeit für deren Herstellung.

Manche Familien verschafften sich im Herbst durch Sammeln von Eicheln eine Zusatzeinahme. Eicheln waren als Schweinefutter verwertbar und im Ersten Weltkrieg auch zur Herstellung von Kaffee-Ersatz begehrt. Sammeln von Bucheckern zur Ölherstellung bot gleichfalls einen Zusatzverdienst.

Noch besser erging es den Trüffelsuchern. Französische Emigranten oder Mönche haben diesen köstlichen Speisepilz in den südpfälzischen Rheinwaldungen eingeführt. Als Hauptfundorte galten der Hördter Wald und die Gegend um Hagenbach und Neuburg. Abgerichtete Hunde, vor allem Pudel, spürten die Trüffeln in der Reifezeit von September bis November in Entfernungen bis zu hundert Metern auf. Der Ertrag ging Mitte des 19. Jahrhunderts erheblich zurück. Spätere Versuche der Nachzüchtung blieben ergebnislos.

Eine Erwerbsquelle besonderer Art war die Rheinschiffmüllerei, die bis vor die Jahrhundertwende ausgeübt wurde. Das Mühlenschiff aus Eichenholz war im Strom verankert. Zwei große Schaufelräder, durch die Flußströmung angetrieben, hielten die Mühlsteine in Gang. Durchschnittliche Tagesleistung waren 60-80 Zentner Getreide. Mühlenknechte beförderten mit einem Kahn Getreide und Mahlgut vom und zum Ufer.

Flößer und Uferbauarbeiter: Beide durften Wind und Wetter nicht scheuen

Bis Anfang dieses Jahrhunderts herrschte auf dem Rhein reger Floßbetrieb. Auf dem Oberrhein waren die – noch kleinen – Flöße mit etwa vierzig Personen bemannt. In Mainz wurden sie zu teilweise gewaltigen Flößen vereinigt, mit zweihundert bis vierhundert Ruderknechten. Wenn bei Dunkelheit an Land festgemacht wurde, dann waren das Wildern und das Karten- oder Würfelspiel, bei dem nicht selten der ganze Verdienst draufging, die beliebte "Freizeitbeschäftigung" der rauhen Gesellschaft. Wind und Wetter durften sie ebenso wenig scheuen, wie die Uferbauarbeiter – egal, ob sie ihre Arbeit in Fron oder gegen Lohn zu leisten hatten.

Ursprünglich waren die Uferschutzbauten von den jeweiligen Ortsbewohnern in Fronarbeit zu leisten. "Spannfähige", meist Bauern, mußten eigenes Gespann und Geschirr stellen. Handdienste wurden jedem zugemutet. Es gab einige Ausnahmen, vor allem Gebrechliche, aber auch einzelne Bürger, die ein öffentliches Amt bekleideten. Die Zahl der Frontage war unterschiedlich geregelt, Städter häufig durch Privilegien von der Fron befreit.

Öffentliche Fronden, zu denen die Damm- und Flußbauten zählten, hat man mehr oder weniger murrend hingenommen. Im Prinzip waren diese Fronden eine Art Steuerersatz: Arbeit statt Steuern. Im Zuge der französischen Revolution wurden die Frondienste abgeschafft. Der Jubel war groß – aber kurz, denn anstelle der Fron verlangten die Franzosen Steuern.

Soweit diese "Flußbau-Fronden" noch oder wieder bestanden, war es für Tulla ein entscheidender Erfolg, als diese durch das Edikt von 1816 mit Einführung des "Flußbaugeldes" ersetzt und damit klare Finanzierungsmöglichkeiten geschaffen wurden. Damit war eine neue Verdienstmöglichkeit in der Rheinniederung entstanden. Allerdings war diese anfangs völlig unzureichend. Trotz Armut in den Rheindörfern mußte die Anwerbung bis in die noch ärmeren Täler des Pfälzer Waldes ausgedehnt werden. Erst allmählich wurden die finanziellen Bedingungen besser. Um 1880 erhielt ein Faschinenflechter einen Arbeitslohn von 3 Mark täglich, etwa das Doppelte eines gewöhnlichen Taglöhners. Vergleichsweise kostete 1 Zentner Kartoffeln 1,18 Mark, 1 Pfund Schwarzbrot 12 Pfennige, 1 Pfund Fleisch 60-90 Pfennige.

"Faschinen" – ein Begriff, der beim Flußbau immer wieder auftaucht – dienen zur Ufer- und Sohlenbefestigung. Aus langen Reisern geschnitten, mit Weidenruten umbunden, etwa vier Meter lang, siebzig bis hundert Zentimeter im Durchmesser, werden sie zusammen mit Sandsteinbrocken zu etwa vier Tonnen schweren "Senkwürsten" verdrahtet. Von einer Arbeitsbühne im Strom erfolgt dann die Versenkung an der entsprechenden Stromstelle. Spätere Rheindurchstichsarbeiten wurden in den Wochenblättern ausgeschrieben oder in den Gemeinden "ausgeschellt". Jeder Unbescholtene konnte sich an der "Minderversteigerung" beteiligen, wenn er einen zahlkräftigen Bürgen stelle. Je nach Länge des Abschnitts suchte sich der, der den Zuschlag bekam, seine Mannschaft zusammen: Gruppen von dreißig bis fünfzig Arbeitern. Der Steigerer mußte sich verpflichten, mit der angegebenen Arbeiterzahl ununterbrochen tätig zu sein, andernfalls drohten finanzielle Konsequenzen.

Neupotz.
Dicht bestandene Schilfzonen entlang der Ufer von Tümpeln und Weihern, ein idealer Ort für Wasserbrüter. – Leichter Regen plätschert aufs Wasser, eine leise, gleichbleibende Melodie.

Tonverarbeitung am Oberrhein, schon in der Römerzeit

Tonvorkommen und die Wasserstraße Rhein als billiger Transportweg boten günstige Voraussetzungen für Ziegeleien. In offenen Schuppen wurden handgeformte Ziegel luftgetrocknet, um danach in Brennöfen gebrannt zu werden. Die Verarbeitung von Ton in dieser Gegend des Oberrheins kann auf eine lange Vergangenheit zurückblicken. – Heute gibt es entlang des beschriebenen Stromabschnittes keine Ziegelei mehr.

"Amo te, amas me?" (Ich liebe Dich, liebst Du mich?) Diese zeitlosen Worte fanden sich auf einem römischen Tonscherben, der mit vielem anderen Tongeschirr in Rheinzabern, dem "Tabernae" der Römerzeit, ans Tageslicht kam. Rheinzabern war während der römischen Kaiserzeit Schwerpunkt der Tonwarenherstellung, dem damals bedeutendsten Wirtschaftszweig im Gebiet der heutigen Pfalz. Der Grund dürfte in der Idealkombination des Standortes gelegen haben: Ausreichende und gute Tonqualität, genügend Brennmaterial, das Holz des Bienwaldes, boten günstige Produktionsvoraussetzungen – der Rhein als Wasserstraße und die große von Italien zum Niederrhein führende Römerstraße konnten zur besten verkehrsmäßigen Erschließung der Absatzgebiete genutzt werden.

Abgesehen von der außerordentlich guten Qualität der hergestellten Ziegel, mit hohem spezifischen Gewicht, das den modernen Maschinenziegel teilweise übertrifft, war Rheinzabern berühmt für die Herstellung von Tafelgeschirr. Nördlich der Alpen nahm es im 2. Jahrhundert n. Chr. geradezu eine Monopolstellung in der Herstellung der Terra Sigillata ein, dem damals führenden Tafelgeschirr, von feiner Materialqualität, überzogen mit rotem Glanztonfilm. Außer unverziertem Geschirr, Tassen, Tellern, Näpfen, die zu Gedekken zusammengestellt wurden und auf der Scheibe gedreht waren, sind auch reliefverzierte Gefäße mit Hilfe von Formschüsseln gefertigt worden. Daneben gab es Verzierungen durch Aufspritzen und Applizieren der Ornamente. Die Beliebtheit der Rheinzaberner Erzeugnisse reichte weit über die Grenzen des Römischen Reiches hinaus ins freie Germanien. Bis zum Weichselbogen, in Südskandinavien und auf Gotland belegen Fundstellen die Verbreitung dieses Geschirrs. Auch in Britannien scheint die Ware aus Rheinzabern einen beträchtlichen Marktanteil besessen zu haben.

Etwa um 140 n. Chr. lief die Produktion von Gefäßen in Rheinzabern an, die – wegen veränderten Geschmackes der Käufer – wohl bereits 230 n. Chr. endete. Der Archäologe Prof. Dr. Otto Roller errechnete eine Gesamtfertigung von 50 Millionen Gefäßen aus Rheinzabern, was die Dimension dieses Wirtschaftszweiges deutlich macht. Etwa 10 Prozent der Herstellung waren Ausschuß, und Scherben gab es in Massen. Schätzungen gehen von hunderten von Tonnen aus, die bei Rheinzabern im Boden verteilt liegen oder bereits ausgegraben sind und in Museen bzw. Privatsammlungen aufbewahrt werden.

Der Ton wurde, je nach Mächtigkeit der deckenden Sandschicht, im Tagebau oder bei größerer Tiefe, etwa ab vier Metern im Untertagebau, im Stollenbetrieb gewonnen. Einen solchen Stollen entdeckte man zwischen Lingenfeld und Mechtersheim, mit einer sechs Meter tiefen Sohle; der Zugang dürfte vermutlich vom Hang eines nahe gelegenen Rheinarmes erfolgt sein.

* Quelle: Otto Roller, "Die wirtschaftliche Entwicklung des pfälzischen Raumes während der Römerzeit"

Dettenheim.
Schuppen einer stillgelegten Ziegelei, der inzwischen verschwunden ist. Im untergehenden Tageslicht belebte das Rot des Schuppendaches das monotone Graugelb der Schilfzone.

Lingenfeld, “Schäferweiher”.

Fischreiher konfrontiert mit “Umweltproblem”.

Unterwasserflora im Mai, etwa 40 Zentimeter unter der Wasseroberfläche. Im linken Bildteil sich spiegelnde Baumkronen im Altwasser ...

... und der Boden im Auwald, im Dezember, eine Symphonie in Farben. Noch einmal spielt die Natur den ganzen Reichtum ihrer Farbpalette aus, bevor sie sich in Winterschlaf begibt.

Neupotz.
Einer der Weiher, die das Bild der Auen so abwechslungsreich machen. Müßig zu fragen, ob er natürlichen Ursprungs ist, oder erst durch Lehm- oder Kiesausbeute entstand – wenn man ihn den Kräften der Natur überläßt, zur ungestörten "Renaturierung".

Leimersheim.
Der Herbst ist dem Winter gewichen. Die Farben werden spärlicher, keineswegs aber uninteressanter. Heinz Friedrich, Freund und Maler, meint dazu, daß dies die Zeit sei, in der für Pleinairmaler die Altrheinlandschaft besonders anziehend ist.

Rußheimer Altrhein.
Rostroter Algenfarn bedeckt die Wasserfläche. Seit dem letzten Viertel des 19. Jahrhunderts wurde er, aus Mittelamerika stammend, hier heimisch. Mit zunehmender Verlandung nimmt seine Verbreitung zu. Blüht im späten Herbst bis Frostbeginn.

Heiligenstein, Tongruben, im Volksmund "die Lettelecher". Ein schmaler Damm zwischen ausgebeuteten Lehmgruben. Im Erdreich hat die Nutria ihre Behausung. Auf den Teichen, zu denen die Tongruben geworden sind, und deren Ufer trifft man seltene Wasservögel. Wunden, die der Mensch geschlagen hat, heilte die Natur – weil man sie ungestört ließ. Schade, daß zu diesem Biotop hin Gewerbeflächen immer näher herangerückt sind.

Leimersheimer Altrhein.
Spätherbstliche Tage. Diffuses Licht. Geheimnisvolles Empfinden.

Berghäuser Altrhein.
Eine leichte Melancholie liegt wie ein Schleier über dem Altwasser und dem Auwald. Geräusche, als fiele leichter Graupel oder Regen. Dabei ist es nur die Sprache fallender Blätter.

Insel Elisabethenwört,
beim “Kurfürstenbau”.
“Ur”-wald, der fast
gespenstisch anmutet.

Mechtersheim, Breitlachwiese.
Im Schilfbereich breitblättrige Rohrkolben.

Zwischen Heiligenstein und Mechtersheim,
unterhalb des Hochufers.

Baumreihe in der Rheinniederung,
die sich im Nebel verliert.

Am Strom – einer der vielen bizarr wirkenden
Bäume, die den Lauf des Flusses säumen.

Maximiliansau.
Eine schon fast unwirkliche Stille. Nur hin und wieder der Ruf eines Tieres, das Knistern und Fallgeräusche dürrer Äste.

Nur die Rinde eines vom Sturm gefällten Baumveteranen.
Gerade im Winter werden Details wahrnehmbarer, beeindruckender.

Die Wurzel eines Baumes, der manchen Sturm überstand, bis auch für ihn die Zeit abgelaufen war. Doch diese Urnatur erneuert sich immer wieder aus eigener Kraft – und in der Wildnis kommt der Tod stets neuem Leben zugute.

Winterliche Miniaturen
am Wegesrand.

Die Natur als Künstler?
Oder doch nur ein angeschwemmter
morbider Baumstamm?

Sondernheim, ehemalige Ziegelei.
Novembernebel liegt schwer in der Niederung. Kaum Farben, gespenstische Ruhe. Schemenhaft nur ist die sonst vertraute Umgebung wahrnehmbar.

Im Nebel. Halbdunkel. Der lautlose Morgen dämmert dahin. Ich kenne die Kopfweide genau, in der ich sitze. Der Steinkauz brütet darin, ein Jahr später der Waldkauz. Dann kam die Waldohreule und balzte in der Krone. Auch die Umgebung des Baumes ist mir bekannt. Vier Schritte weiter beginnt das Wasser. Teichbinsen stehen dort und Schilfrohr. Im Rohr zerfällt ein Drosselnest. Dann kommt der Stamm einer gestürzten Schwarzerle. Zehn Schritte weiter ein morscher Kahn im Schlamm. Obwohl ich nichts sehe als die Ruten des Baumes, weiß ich doch, daß alles vorhanden ist: Das Wasser, die Binsen, das Rohr mit dem Nest, der Stamm, der Kahn. Der erste Laut: Die Domglocken zu Speyer ... hilflos und schwach. Dann bringt der Wind die vollen Klänge mit. Der Nebel ist stärker als meine Glocken, lächelt der Schatten. Und dann löst er sich auf in den Zweigen. – Mich friert es in der Weide. Nur ihre Ruten kann ich erkennen, von denen jetzt die Tropfen fallen.

Walter Dörsam, "Buch der Altrheine und Auwälder"

Wenn die Altwasser zugefroren sind,
gewinnt das Spiel mit den Farben des
glitzernden Eises seinen besonderen Reiz.

Seit Radar, Echolot und der sprachlichen Verständigung durch Funk, hat die Rheinschiffahrt auch bei Nebel viel von ihrer früheren Gefahr verloren. Doch die Warnsignale hört man an Nebeltagen noch immer.

Heiligensteiner Tongruben.

Im Lingenfelder Altrheingebiet.

Im Angelwald.
Beim gewaltigen Druck des Eises wird deutlich, wie schwach "Menschenwerk" ist: Ein im Herbst noch solider Angelkahn wird wie ein Spielzeug zerdrückt.

"Lußheimer Fahrt".
Die alten knorrigen Kopfweiden an einem sonnigen Wintertag, schneegepudert: Ein Anblick, den das Jahr nur an ganz wenigen Tagen bietet.

"Eismächer", winterliche Saisonarbeiter, wichtige Zulieferer der Brauereien

In der Zeit elektrischer Kühlschränke vermag sich heute kaum jemand vorzustellen, welche Bedeutung früher Natureis oder das in Kunsteisfabriken gewonnene Eis im Leben der Menschen spielte.
Im Brockhaus Lexikon von 1898 ist nachzulesen: "Das Eis findet als wärmeentziehendes Mittel vielfache Verwendung. Es dient zur Abkühlung der Luft in Theatern und Krankenzimmern, zur Herstellung von Gefrorenem, vor allem zur Verhinderung und Verzögerung verschiedener Zersetzungserscheinungen, so zur Konservierung von Lebensmitteln ..." (Man beachte die Reihenfolge!) "Von größter Wichtigkeit ist das Eis auch für die Bierbrauerei."
Wenn die Altrheine sich in Eisflächen verwandelten, begann früher die Arbeit der "Eismächer". In hohen Wasserstiefeln teilten sie mit Äxten das Eis in "Lahnen" auf, die dann weiter in kleinere Stücke zerteilt und auf Fuhrwerke verladen wurden. Eiskeller oder Eishäuser nahmen die Fracht auf.
Eismächer, oft Maurer, die im Winter arbeitslos waren, arbeiteten in den Altrheinen noch in den zwanziger Jahren dieses Jahrhunderts. Begehrt zum Eisabbau waren naturgemäß Gewässer, die gut mit Fuhrwerken erreichbar waren und nicht weit entfernt von der Stadt lagen – denn dort saßen die Hauptabnehmer, die Brauereien. So war in Speyer der Staatshafen ein bevorzugtes "Eismächergebiet". Nur: In den Altrheinen kostete die Eisgewinnung nichts, aber im "Staats"hafen mußten ein paar Pfennige bezahlt werden. Schließlich war das Eis in einer staatlichen Einrichtung gefroren, somit staatliches Eigentum – und verschenken durfte der Staat nichts.
Bei der Ablieferung des Eises in den Brauereien gab es meist kein Bargeld, sondern nur Gutschriften, die "Bon(g)s", die nach der Eisschmelze eingelöst wurden. So manche durstige Kehle bedurfte am Ort der Auszahlung einer "bierigen Ölung"; die Heimkehr ins traute Heim, mit weniger Geld als erwartet, ist nicht immer reibungslos verlaufen.
In den Kellern der Brauereien durfte die Temperatur nicht über sechs Grad Celsius ansteigen. Dazu benötigte man ein Eisquantum von einhundert Kilo für jeden Hektoliter Bier, der während des Jahres gebraut wurde. Alleine in den Speyerer Großbrauereien wurden um 1890 jährlich 250.000 Hektoliter Bier gebraut.
Auch in der Bevölkerung wuchs der Bedarf an Roheis. In den Städten entwickelte sich der Eishandel im vergangenen Jahrhundert zu einem blühenden Geschäftszweig. Soweit die benötigten Mengen nicht aus unmittelbarer Umgebung zu decken waren, wurde Eis importiert: Das besonders saubere Gletschereis aus den Alpenländern, Eis aus nordamerikanischen Seen und nordischen Ländern.
Mit dem Aufkommen der Kunsteisfabrikation vor der Jahrhundertwende nahm die Bedeutung des Roheises relativ schnell ab. Immerhin hat im Jahr 1890 Nordamerika noch 45.600 Tonnen, Norwegen 317.000 Tonnen und die Schweiz 40.000 Tonnen Roheis ausgeführt.
Die Altrheine frieren heute seltener und nur für kürzere Zeit zu als vor Jahrzehnten. Von der technischen Entwicklung abgesehen, gäbe es, schon wegen dieser Veränderung im Verhalten der Natur, für Eismächer nichts mehr zu verdienen.

Hördter Rheinaue.
"Eismächer" auf eingefrorenen Altrheinarmen – meist Maurer, die im Winter arbeitslos waren – sind früher Roheislieferanten gewesen, vor allem für Brauereien.

Letztmals zugefroren war der Rhein 1929. Der früher so gefürchtete Eisgang war 1954 und 1962/63 im Strom zu sehen.

Zugefrorener Rhein, ein "Jahrhundertereignis"

Wenn die Wasser des Altrheins vereist sind, das Bersten von krachendem Eisgeschiebe wie Peitschenhiebe durch die Luft knallt, zieht draußen der freie Strom ungehindert seine Bahn.

In früheren Jahrhunderten, insbesondere vor der Rheinbegradigung, kam die Schiffahrt nicht selten zum Erliegen, dann, wenn der gefürchtete "Eisgang" – Treibeis mit zum Teil riesigen Eisblöcken im Strom – die aus Holz gebauten Schiffe bedrohte. Schwerer Eisgang zerstörte vor allem im Mittelalter Uferbefestigungen, die wichtigen Leinpfade und Hafenmolen. Mit Eisbrech-Vorrichtungen versuchten Baumeister, Brückenpfeiler und Wasserburgen zu schützen. Schiffsmühlen wurden noch Ende des vergangenen Jahrhunderts durch Eisgang im badisch-pfälzischen Stromabschnitt vernichtet.

Treibeis ist seltener geworden, auch eine Folge des schneller fließenden Rheines. 1954 und 1962/63 war zuletzt der früher so gefürchtete Eisgang im Strom zu sehen.

Ein besonderes Ereignis war es schon immer, wenn der Rhein einmal ganz zugefroren war. Wohl deshalb wurden auch immer wieder "besondere Attraktionen" damit verbunden. 1766 hat der Hofkellermeister Adam Bieth ein 5-Fuder-Prunkfaß (60 Hektoliter Fassungsvermögen) auf dem Rhein "aufgeschlagen", das er dem Kurfürstenpaar Carl Theodor und Elisabeth widmete. Das Faß mit seinen reichen Schnitzereien hat inzwischen seinen Standort im Historischen Museum der Pfalz in Speyer gefunden.

Mit "Aufschlagen" ist das Aufsetzen der in der Küferwerkstatt noch völlig geraden Dauben und das anschließende Zusammenziehen von ihnen gemeint. Im Inneren der Faßwandung (noch ohne Boden) wird Feuer entfacht, die Dauben naß gemacht, die sich nur naß und erhitzt ohne Bruch biegen lassen. Das Faßaufschlagen auf dem Rhein hatte den Vorteil, daß sich beim Entzünden des Feuers auf dem Eis Wasserdampf bildete, der das Biegen sehr erleichterte. Das Feuer auf einer Eisdecke zu machen, ohne daß diese wegschmilzt, war die vielbestaunte Attraktion – natürlich auch die Schnelligkeit und Gewandtheit, mit der die Handwerker ihr Werk vollbrachten.

Im Februar 1929, als der Rhein zuletzt zugefroren war, wiederholte der Speyerer Küfermeister Valentin Jester mit seinen Gesellen diese handwerkliche Fertigkeit. Schon am Abend jenes Tages, an dem die Arbeit durchgeführt wurde, konnte das Faß durch die Straßen der Stadt gefahren und allseits bewundert werden. Auch dieses Faß befindet sich heute im Museum in Speyer.

Trotz Wirtschaftskrise, Besatzung und Arbeitslosigkeit machten die Menschen aus dem "Jahrhundertereignis" ein Volksfest. Scharenweise pilgerten sie zum zugefrorenen Rhein. Schlachtfeste wurden dort veranstaltet, Glühweine auf der Eisdecke ausgeschenkt. An der Tafel mit der Aufschrift "Übergang mit Lebensgefahr verbunden" störte sich niemand. Genüßlich wanderte man zum badischen Ufer, Besatzung und Sorgen hinter sich lassend.

Zu einer Gefahr wurde die Situation erst dann, wenn die geschlossene Eisdecke brach und in großen Blökken oder Eisbergen sich stromabwärts bewegte, vieles zermalmend, was ihnen im Flußbett entgegenstand.

Erhaltet die Altrheinlandschaft

Entlang des Rheins, der meistbefahrenen Wasserstraße Europas, sind riesige Industriezentren entstanden. Ehemals arme Dörfer in der Rheinniederung wurden begehrte Wirtschaftsstandorte.

Neue Begriffe wie 'Ballungsräume', 'Wohlstandsgesellschaft', 'Umwelt-' und 'Naturschutz' fanden Eingang in unsere Sprache.

Die Notzeiten, in denen man von einem bescheidenen Wohlstand nicht einmal zu träumen wagte, liegen noch gar nicht allzu lange zurück. Umweltschutz oder Naturschutz wären für die damaligen Bewohner der Rheinniederung etwas Unbegreifliches gewesen, denn sie mußten ja alles tun, um sich vor der Natur zu schützen, und das einzige, was sie im Überfluß besaßen, waren "Natur" und "Umwelt".

Jahrhundertealte Zustände haben sich in wenigen Jahrzehnten verändert. Die Technik hat sich dabei dem Menschen nützlich erwiesen. Sie hat das Leben besser und leichter gemacht. Aber sie forderte ihren Tribut. Alles hat eben seinen Preis. Rheinauen wurden Baugelände und Industrieflächen, das Rheinwasser verschmutzte.

Technischer Fortschritt ist sinnvoll, wenn er dem Menschen dient, die Vorteile größer sind, als die sich daraus ergebenden Nachteile. Entlang des Stromes war unabdingbar der Wendepunkt erreicht.

Menschen und Technik haben ihre Sünden durch Kläranlagen wieder weitgehend geheilt: Wohl kaum in diesem Jahrhundert war der Fluß so sauber wie heute. Die Artenvielfalt der Fische – mehr als vierzig – entspricht ungefähr wieder dem Stand der Jahrhundertwende. Von chemischer Seite aus hat der Rhein offiziellen Angaben zufolge zwar wieder Badewasserqualität, doch die bakteriologische Belastung ist an vielen Stellen wohl noch immer recht hoch. Verstärkt das Bemühen, ein Stück Lebensqualität zurückzugewinnen!

Auch hoffnungsvolle Ansätze zum Schutze der verbliebenen Auen und Wälder sind gemacht: Der Verbrauch an vermeintlich "nutzloser Landschaft" hat sich verlangsamt. Es gibt Dinge, die man nicht mit preislichen Maßstäben messen kann! Der Mensch braucht die Ursprünglichkeit der Natur und ihre Harmonie heute mehr denn je. Die Natur in ihrer Vielfalt ist kein Selbstzweck, sondern notwendiger Freiraum für Menschen in technisierter Umwelt. Wir brauchen Stille, in die wir uns ab und zu zurückziehen können, um wieder zu uns selbst zu finden.

Gebt der verbliebenen Altrheinlandschaft – und damit uns und denjenigen, die nach uns kommen, diese Chance!

Speyer, “Deutschhof”.

Quellenangaben

Quellenangaben

"Der Rhein". Wasser- und Schiffahrtsamt Duisburg. 1961.
"Schauplatz Rhein". Ausstellungsbeiblatt Historisches Museum der Pfalz Speyer. 1968.
"Chronica der Freyen Reichs Stadt Speier". Christoph Lehmann.
"Am Oberrhein. Landschaft und Dichtung um Speyer. Geiser, Gruber, Thiele. 1960. Jaeger Verlag Speyer.
"Stadt am Strom". Prof. Dr. Günter Stein. 1989. Verlag Zechnersche Buchdruckerei Speyer.
"Speyer, Kleine Stadtgeschichte". Fritz Klotz. 1971. Historischer Verein der Pfalz.
"Die wirtschaftliche Entwicklung des pfälzischen Raumes während der Römerzeit",
Prof. Dr. Otto Roller. Speyer. 1968. Sonderdruck IHK Ludwigshafen.
"Handel und Wandel in einer alten Stadt". 1964. Speyerer Volksbank.
"Der Landkreis Speyer". Dr. Anton Doll. 1961. Karl Graf Verlag. Speyer.
"Als wär's ein Stück von mir". Carl Zuckmayer. 1966. Verlag S. Fischer. Frankfurt am Main
"Speyer, Bilder aus der Vergangenheit". Dr. Berthold Roland. 1961. Peters Verlag Bad Honnef.
"Altrip. Porträt eines Dorfes". Th. Maurer, D. Kirsch. 1970. Gemeinde Altrip.
"Otterstadt. Die Geschichte eines Dorfes". Alfons Schreiner. 1981. Jaegerdruck Speyer.
"Waldsee und seine Geschichte". Fritz Gerbes. 1982. Ortsgemeinde Waldsee.
"Der Rußheimer Altrhein". Landesanstalt für Umweltschutz Baden-Württemberg. Karlsruhe. 1978.
"Buch der Altrheine und Auwälder". Walter Dörsam. 1968. G. Braun Verlag Karlsruhe.
"Die Flußschiffswerften Deutschlands". Cassen-Hanns Cassens. 1934. Günthers Buchdruckerei. Saalfeld Ostpr.
"Herrschaftliche Jagd, bäuerliche Not und bürgerliche Kritik". H.W. Eckhardt. 1976. Vandenhoeck u. Ruprecht. Göttingen.
"Wörth am Rhein, Ortschronik". Manfred Bader, Albert Ritter, Albert Schwarz. Stadt Wörth. Badendruck Karlsruhe.

Textbeiträge · Abdruckerlaubnisse · Hinweise

Emil Balles, Speyer · Gerd Balzer, Neuburg · Heiner Baumann, Speyer · Walter Dörsam, Ludwigshafen · Dr. Anton Doll, Speyer
Verlag S. Fischer, Frankfurt am Main · Eberhard Geiser, Speyer · Generallandesarchiv, Karlsruhe · Magnus Gruber, Speyer
Willi Gutting, Lingenfeld · Peter Hebel, Speyer · Historisches Museum der Pfalz, Speyer · Manfred Hüther, Ludwigshafen
Fritz Klotz, Speyer · Wilhelm Kuntz, Schaidt · Dorothea Menrath, Speyer · Prof. Dr. Otto Roller, Speyer
Dr. Hans Ludwig Schmidt, Speyer · Prof. Dr. Günter Stein, Speyer